新时代政治学研究书系

medal

勋章颁授与
荣誉表彰制度研究

张树华 等著

中国社会科学出版社

图书在版编目 (CIP) 数据

勋章颁授与荣誉表彰制度研究 / 张树华等著 . —北京：中国社会科学
出版社，2020.12

（新时代政治学研究书系）

ISBN 978 – 7 – 5203 – 7481 – 1

Ⅰ.①勋…　Ⅱ.①张…　Ⅲ.①勋章—奖励制度—研究—中国
②荣誉—奖励制度—研究—中国　Ⅳ.①D263

中国版本图书馆 CIP 数据核字（2020）第 231314 号

出 版 人	赵剑英
责任编辑	范晨星
责任校对	夏慧萍
责任印制	王　超

出　　版	中国社会科学出版社
社　　址	北京鼓楼西大街甲 158 号
邮　　编	100720
网　　址	http://www.csspw.cn
发 行 部	010 – 84083685
门 市 部	010 – 84029450
经　　销	新华书店及其他书店

印　　刷	北京明恒达印务有限公司
装　　订	廊坊市广阳区广增装订厂
版　　次	2020 年 12 月第 1 版
印　　次	2020 年 12 月第 1 次印刷

开　　本	710×1000　1/16
印　　张	14
插　　页	2
字　　数	171 千字
定　　价	78.00 元

目　录

目 录

第三部分 专题研究

前　言

张树华

党的十八大以来，习近平总书记胸怀全局、立意高远，多次对党和国家功勋荣誉表彰工作作出重要指示。在以习近平同志为核心的党中央坚强领导下，近年来国家建立和完善党和国家功勋荣誉表彰制度的步伐明显加快，并取得了一系列重要成果。在党中央确定的"1＋1＋3"制度建设方案指导下，中国功勋荣誉表彰体系建设稳步推进，形成了统一、规范、权威的中国特色功勋荣誉表彰体系，展现着新时代的新风貌。

2019年9月29日，在全国各族人民欢庆中华人民共和国成立70周年之际，举行了隆重盛大的国家勋章和国家荣誉称号颁授活动。习近平总书记在颁授仪式上为国家勋章和国家荣誉称号获得者颁奖并发表重要讲话，在全党、全军、全国各族人民中引发了热烈反响。

习近平总书记深刻地指出："受表彰的国家勋章和国家荣誉称号获得者，是千千万万为党和人民事业作出贡献的杰出人士的代表。他们身上生动地体现了中华民族精神和社会主义核心价值观，他们的事迹和贡献将永远写在共和国史册上！""崇尚英雄才会产生英雄，争做英雄才能英雄辈出。党和国家历来高度重视对英雄模范的表彰。今天我们以最高规格褒奖英雄模范，就是要弘扬他们身上展现的忠诚、执着、朴实的鲜明品格。"

在全国上下热烈庆祝中华人民共和国成立70周年之际，全社会对受表彰的各位功勋模范致以崇高的敬意，人民的爱国之情和干事创业的斗志得到进一步激发，中国的政治号召力、思想引领力、制度创新力和国际影响力显著迸发。此次国家勋章和国家荣誉称号颁授活动，是新时代中国特色功勋荣誉表彰制度的成功实践，必将进一步推动中国功勋荣誉表彰制度的长期发展和建设，彰显新时代中国特色社会主义制度的制度优势和魅力。

本报告是国家社科基金特别委托项目"世界主要国家功勋荣誉表彰管理体制机制研究"的成果结晶。该项目旨在深入研究世界主要国家和地区功勋荣誉表彰的体制建设、运行机制及其可资借鉴之处。自2017年5月起，该任务由中国社会科学院信息情报研究院课题组承担。这个研究团队在中外功勋荣誉表彰制度比较研究方面有着良好的基础和资料积累。

自2008年开始，十余年间，课题组成员发挥多语种、多学科的优势，查阅大量中外文资料，比较研究了中国和世界主要国家功勋荣誉表彰制度的历史沿革、主要内容、特点和经验等。先后推出了系列研究报告和《中外功勋荣誉制度》等著作。其间，研究团队还积极开展对功勋荣誉表彰制度动态发展的跟踪研究，为中央和国家有关部门提供了相应的对策研究成果，为中国功勋荣誉表彰制度的构建和发展建言献策。

目前，在习近平总书记的亲自谋划和领导下，中国特色功勋荣誉表彰制度体系的"四梁八柱"已经搭建好。但其完善和发展仍是一个长期过程。例如，关于功勋荣誉表彰奖励获得者的相关待遇，勋章、奖章和功勋簿的管理，功勋荣誉表彰项目的评选授予、宣传引导和后续管理仍是相关决策部门的工作重点。鉴于此，该项研究旨在全面介绍世界主要国家和地区在功勋荣誉表彰制度和运行管理机制等方面的具体做法，重点介绍国外勋章、称号等颁授、管理、运用以及功勋荣誉纪念场所设置与运行等情况，比较研究各国在功勋荣誉表彰立法执法、机构设置等方面的异同和可资借鉴之处。

课题组秉持"世界眼光、中国特色、大国气派"的理念，对英国、美国、德国、法国、意大利、俄罗斯、澳大利亚、日本和韩国九个国家的相关情况进行了深入研究。考虑到中国港澳台地区功勋荣誉表彰的重要性及特殊性，该项研究也介绍了中国港澳台地区的相关情况。

本书的主要内容有：世界主要国家和地区功勋荣誉表彰制度概况；勋章/奖章管理细则；勋章/奖章的设计与规范；功勋荣誉表彰法律法规；功勋荣誉表彰管理机构的设置和运行；特点与启示等。分为三部分：第一部分为总论；第二部分为案例研究报告；第三部分为专题研究报告。

参加课题研究和书稿撰写的有：张树华、唐磊、王文娥、祝伟伟、贺慧玲、杨莉、高媛、袁静、朴光海、郭志法。希望本书能够为构建新时代中国特色功勋荣誉表彰制度提供有价值的参考。

第一部分　总　论

世界主要国家功勋荣誉
表彰制度特点及启示

党的十八大以来，以习近平同志为核心的党中央高度重视党和国家功勋荣誉表彰工作。在习近平总书记的亲切关心下，近年来中国特色功勋荣誉表彰制度建设步伐明显加快，并取得了一系列重要成果。

《中共中央关于建立健全党和国家功勋荣誉表彰制度的意见》（以下简称《中央意见》）和《中华人民共和国国家勋章和国家荣誉称号法》（以下简称《勋章法》）相继颁布实施，党和国家功勋荣誉表彰工作委员会成立，为统一、规范、权威的功勋荣誉表彰工作的开展奠定了基础。此后，《中国共产党党内功勋荣誉表彰条例》《国家功勋荣誉表彰条例》《"共和国勋章"和国家荣誉称号授予办法（试行）》《"七一勋章"授予办法（试行）》和《"友谊勋章"授予办法（试行）》等法规相继出台。中国改变了过去功勋荣誉表彰制度相对零散的局面，建立了相对统一和规范的功勋荣誉表彰制度体系。

2017年7月28日，中央军委颁授"八一勋章"和授予荣誉称号仪式在北京隆重举行。中共中央总书记、国家主席、中央军委主席习近平向"八一勋章"获得者颁授勋章和证书，向获得荣誉称号的单位颁授奖旗。此次授勋仪式在全军乃至全社会产生了热烈反响。

2018年6月8日，中国举行了中华人民共和国"友谊勋章"颁授仪式，习近平主席在人民大会堂金色大厅将首枚"友谊勋章"授予了俄罗斯总统普京。这是新时代功勋荣誉表彰体系设立以来首次向外国元首颁授"友谊勋章"，在推动中国特色大国外交工作中发挥了重要作用。

党中央决定，在2019年中华人民共和国成立70周年之际，首次开展国家勋章和国家荣誉称号集中评选颁授，隆重表彰一批为中华人民共和国建设和发展作出杰出贡献的功勋模范人物。9月17日，国家主席习近平签署主席令，根据十三届全国人大常委会第十三次会议17日下午表决通过的全国人大常委会关于授予国家勋章和国家荣誉称号的决定，授予42人国家勋章、国家荣誉称号。9月29日，中华人民共和国国家勋章和国家荣誉称号颁授仪式在人民大会堂隆重举行。

我国开创性地建立中国特色功勋荣誉表彰制度，各项工作稳步有效推进，对培育和践行社会主义核心价值观、增强中国特色社会主义事业凝聚力和感召力，具有重大而深远的意义。

中国特色功勋荣誉表彰制度体系的"四梁八柱"已经搭建好。但制度本身的完善和发展仍是一个长期过程。例如，关于功勋荣誉表彰奖励获得者的相关待遇，勋章、奖章和功勋簿的管理，功勋荣誉表彰项目的评选授予、宣传引导和后续管理仍是相关决策部门的工作重点。本研究报告旨在全面介绍世界主要国家在和地区功勋荣誉表彰制度和运行管理机制等方面的做法与经验，重点介绍国外勋章、称号等的颁授、管理、运用以及功勋荣誉纪念场所设置与运行等情况，比较研究各国在功勋荣誉表彰立法执法、机构设置等方面的异同和可资借鉴之处，以期为中国功勋荣誉表彰管理体制机制的建设、完善和发展提供现实参考和政策建议。

研究报告以英国、美国、德国、法国、意大利、俄罗斯、澳大利亚、日本和韩国九个国家以及中国港澳台地区为考察对象，主要探讨了以下论题：（1）功勋荣誉表彰制度历史概况；（2）勋章/奖章管理细则，包括勋章奖章的佩戴方式，登记制度，法律生效，纪念场所，待遇，荣誉称号的撤销与勋章、奖章的撤回，滥用荣誉称号的惩处措施；（3）勋章/奖章的设计与规范；（4）功勋荣誉表彰法律法规；（5）功勋荣誉表彰管理机构的设置和运行，包括机构级别、运作方式、日常管理工作；（6）特点与启示。

（一）世界主要国家功勋荣誉表彰制度的特点

综观世界主要国家的功勋荣誉表彰制度的建设，可以归纳出如下几大特点。

1. 将功勋荣誉表彰作为国家治理的一项重要形式

从国际范围来看，功勋荣誉表彰制度是各国国家治理体系的重要组成部分，多数将授予荣誉、褒奖功绩作为激励不同领域、不同层次人员的一项国家制度安排，长期坚持实施并不断改革创新，以满足国家治理的多元考虑。世界许多国家的功勋荣誉表彰体系既历史悠久，又与时俱进，及时、充分地反映时代的需求。

英国的功勋荣誉历史悠久、等级繁多，早在13世纪已基本成形。在数百年的发展演进历史中，主要的勋章种类、形制、外观，获得者礼遇及颁授礼仪方面都很好地体现了传承。如在颁授仪式方面，英女王在两名廓尔喀士兵的陪同下入场的规制起始于 1876 年，女王的贴身侍从值班站岗则是从 1485 年开始的。同时，英国的功勋制度也在根据社会发展需要不断调整变化，从政治、军事领域逐步扩展到科学、教育、文学、体育、社区志愿服务等其他领域。美国每年颁发的各种国家荣誉多达上百项，范围涵盖社会生活的方方面面。美国最初的国家荣誉和奖项大多源于战争，随着时代的发展，美国军事荣誉向非军事化发展，注重对普通士兵和民众的表彰，多元化和国际化倾向明显，并成为美国增强受国意识和国家意识的重要手段。德国根据国家发展的需要，坚决消除纳粹政府设立的勋章奖章体系对国家的负面影响，并对原联邦德国和原民主德国时期建立的功勋荣誉表彰制度进行改革，逐渐形成目前比较精简的制度结构。法国荣誉军团和荣誉军团勋章是法国大革命后拿破仑在国家重组时设立的，历史悠久。法国通过功勋荣誉表彰体系，向公民授予具有象征意义的荣誉标志，对公民的功绩表示认可。随着时代的发展，荣誉军团和荣誉军团勋章也发生着变化，它越来越重视企业界和工薪阶层、平民以及女性的地位。俄罗斯的功勋荣誉表彰制度特点突出且历史悠久，既有早在 1698 年即设立的"圣安德烈"勋章，也有大量苏联时期颁发的勋章和奖章，还有目前俄罗斯正在颁发的勋章和奖章。在对待历史延续问题上，一方面，注重历史延续、尊重历史事实，如苏联的金星奖章在目前也有基本对应的俄罗斯金星奖章；另一方面，通过优先佩戴等做法突出当前正在颁发的勋章奖章地位。此外，还根据社会发展调整表彰对象的领域，以切实起到与时俱进的效果，目前的勋章奖章主要是表彰公民在保卫祖国、国家建设、经济、科学、文化、艺术、教育、保健、公民生命和权利、慈善活动领域作出的杰出功绩。澳大利亚功勋荣誉制度体系承袭了英制的诸多特点，并不断发展，既不断地细分层级和对象，同时又注意保持颁奖规模以维持功勋荣誉的价值。日本拥有一套完整的功勋荣誉表彰制度，称为"荣典制度"。"荣典"主要包括授予生者的"勋章"和"褒章"，以及授予逝者的"位阶"三大类别，并形成了相应的制度体系。韩国非常重视功勋荣誉表彰制度的建设和发展，将其作为国家实现行政目标的重要手段之一，经过多次修改、补充、整合和完善，最终形成了现行国家功勋荣誉表彰制度及管理运行体系，并在促进国家经济社会发展中发挥了积极的激励作用。

2. 倚赖法律先行，法律法规较为完善

报告中的国家均已建立起了规范化的功勋荣誉表彰制度，大部分国家制定了详细的法律、法规和遴选评审章程，法制化程度很高。功勋荣誉表彰工作的开展倚赖法律先行，法制化在功勋荣誉表彰及后续管理工作中发挥着重要作用。

代表性的做法有：（1）在宪法中就对功勋荣誉表彰的授予者以及获奖者的权利等事项作了规定，如《俄罗斯联邦宪法》规定，俄联邦总统有权授予俄联邦的荣誉称号、军事及其他专业称号。（2）设立统一和专门的功勋荣誉表彰法律法规对功勋荣誉表彰工作的实施进行指导，俄罗斯、德国、法国、意大利、韩国等国家均制定了统一的国家功勋荣誉表彰法律，如《俄罗斯联邦国家奖励条例》、德国《头衔、勋章、奖章法》、法国《荣誉军团与军功奖章法典》、韩国《赏勋法》。（3）针对特定勋章和奖章颁布相应的法令，对奖项的性质、授予对象、授予条件、授予方式等都作详细的规定。如在德国，每一种勋章或奖章都有相应的设立法令或颁授细则；俄罗斯针对每项国家奖励均出台了相应的章程和说明。（4）根据现实需要，适时对法律法规进行修订。例如，美国

总统自由勋章经过三任总统的三次扩充和修改；俄罗斯根据现实的需要，对《俄罗斯联邦国家奖励条例》进行多次修订。(5) 除国家层面外，各地区建立配套制度。例如，德国现行法律体系中除了总的《头衔、勋章、奖章法》，各州政府也制定了相应的法规。

3. 设有专门的功勋荣誉表彰管理机构

(1) 专门机构的设置和级别

就所调研的国家来看，除英国、澳大利亚和美国外，其他几国均设有专门的功勋荣誉表彰管理机构。如俄罗斯有俄罗斯联邦总统国家奖励委员会、俄罗斯联邦总统办公厅下设的国家奖励局，德国有总统府下设的功勋处，法国有荣誉军团管理会，意大利有总理办公室下属的国家礼仪与荣誉办公室，日本有内阁赏勋局，韩国有国务总理室下属的国家报勋处。

功勋荣誉表彰机构均享有较高的行政级别，除法国设有相当于部委的独立管理机构外，其他几国的专门管理机构均隶属于高级别行政机构，如总统府、总理府、内阁等。功勋荣誉表彰管理机构的行政级别或相当于中国部委，如法国的情况；或为局级单位，如日本内阁赏勋局；或相当于中央办公厅或国务院办公厅下属的处级单位，如德国和韩国的情况。

(2) 职能和运作方式

总体来看，各国功勋荣誉表彰管理机构大致行使的职能有：保障功勋荣誉表彰工作的顺利进行；勋章及奖章的管理；为功勋荣誉表彰获奖者及其后代服务。

例如，德国总统府功勋处的主要职能有：审核勋章候选人资格；委托专门公司进行勋章的制造；出具证书；举办部分勋章颁授仪式；发布部分勋章的颁授公告；制作勋章获得者名单；根据法律要求撤回、取消勋章；等等。法国荣誉军团管理会的日常管理工作包括：军团、勋章和奖章的管理，审查评奖材料，筹备评审事务并负责执行评审委员会决议，在《政府公报》公布获奖者名单，监管授勋仪式的组织，发放获奖证书，跟踪并公布数字信息等。意大利总理办公室下属的国家礼仪与荣誉办公室的主要职能有：功勋荣誉表彰的评审；功勋荣誉表彰的授予和撤回；荣誉勋章国家档案馆的组织与管理工作；研究纹章学学科相关问题；推动同其他政府间的信息交流与合作。俄罗斯联邦总统国家奖励委员会负责审议向总统提交的授予国家奖励的呈文，完成总统在国家奖励的授予方面的各项委托任务。韩国国家报勋处负责制定和落实立功受奖人员及退伍军人的待遇褒奖政策；向立功受奖人员发放褒奖金；在医疗、教育、就业等方面落实相关待遇和政策；落实退伍军人的相关待遇；宣传和褒扬为国家作出牺牲或重大贡献人员的事迹；弘扬爱国主义精神等。

4. 设有多种多样的功勋荣誉场所

多数国家设有形式多样的功勋荣誉场所，但是国家级综合性的功勋荣誉场所却不多见。各国现有的场所形式多样，功能性强，具有以下鲜明特色。

一是功能集中，形式多样。功勋荣誉场所有的是博物馆或纪念馆，发挥保存、陈列、展示和宣传作用，如美国荣誉勋章博物馆、法国荣誉军团和骑士团国家博物馆；有的是供景仰膜拜的纪念场所，如美国福吉谷国家历史公园、意大利维托里安诺统一纪念堂、韩国国立显忠院；有的是授勋、办公和教学场所，如法国解放勋章博物馆。二是内容丰富，别具一格。法国荣誉军团和骑士团国家博物馆为目前已知的世界唯一一家专门的勋章博物馆，收藏有数万枚世界各国勋章，甚至包括许多孤品。在俄罗斯联邦的博物馆中，不仅收藏有大量当代俄罗斯国家荣誉奖章，还有苏联、苏联各加盟共和国甚至沙俄帝国时期的勋章和奖章。例如，莫斯科克里姆林宫博物馆收藏的 17 世纪以来俄罗斯国内外的勋章和奖章类展品就超过 4600 件。三是地处核心，建筑恢宏。各国功勋荣誉场所往往地处核心地带，建筑本身气势恢宏，寓意深刻。美国国家荣誉勋章博物馆位于南卡罗来纳州查尔斯顿港东部海岸的爱国点滨水区内。博物馆主要由五个画廊组成，并在顶部拱成一颗巨大的五角星，寓意"众多个体事迹汇聚而成一个强大的集体故事"。法国荣誉军团管理会总部位于巴黎塞纳河左岸，又称荣誉军团宫，法国荣誉军团和骑士团国家博物馆在其北翼，该建筑是著名的历史遗产，内部陈设富丽高雅。意大利维托里安诺统一纪念堂位于罗马最大的威尼斯广场，建筑物上有两座巨大的青铜雕像，右边的代表"热爱祖国的胜利"，左边的代表"劳动的胜利"，中间是埃曼纽尔二世的骑马像。四是交往名片，传承场所。各国功勋荣誉场所也成为社会交往的平台和国家的名片，传承和弘扬着荣誉精神。在法国，解放勋章博物馆每年接待观众 9 万余人，社会影响力较强。在意大利，外国元首和政府首脑访问期间，会到维托里安诺统一纪念堂为无名英雄敬献花圈。韩国设定特定日期，举行隆重的纪念活动。

5. 重视授勋典礼仪式的组织和宣传

一是体现国家的高度重视和精神激励。世界主要国家组织隆重的颁授仪式的共同特点之一就是体现国家的高度重视，重精神鼓励、轻物质奖赏。获奖者在整个颁授仪式上不仅会受到极高的礼遇，而且直接接受国家最高元首的授勋，这对于获奖者而言是无上的荣耀。世界主要国家精心组织颁授仪式的另一个特点是通过颁授仪式调动全体国民的积极性、主动性和创造性，引导和激励全社会积极向上，增强民族凝聚力和向心力。二是精心设计颁授仪式的流程和细节。为使颁授仪式体现庄重、神圣、崇高等特点，很多国家精心设计颁授仪式的各个环节和流程，甚至将颁授仪式流程和全部细节写入相关法典和管理实施细则中。三是利用各种媒体手段广泛宣传。借助颁授仪式的隆重、庄严、高规格、权威性等，利用电视、互联网、广播、报纸、新媒体等媒体手段进行积极宣传和广泛传播，扩大影响力，吸引全体国民关注。四是提升国际影响力，塑造良好国家形象。功勋荣誉表彰颁授仪式可以说是一个国家社会道德价值观和文化软实力的集中展示，对于塑造本国良好国家形象，提升国际影响力起到重要促进作用。

6. 相关待遇以精神奖励为主，物质奖励为辅

多数国家在表彰待遇方面以精神奖励为主。例如美国的两大平民荣誉——总统自由勋章和国会金质奖章既不设奖金，也不享受任何物质待遇，而只作为获奖者的一项殊荣存在。英国的勋章获得者虽然基本不享受物质上的奖励，但可以在名字前被冠以贵族或爵士（Sir、Dame、Lady 等）的尊称，以示殊荣。

除精神奖励外，一些国家还给予功勋荣誉获得者相应的权利和待遇。例如，美国荣誉勋章获得者在养老金、空乘资格、子女教育方面享有待遇；英国每逢国家重大节庆日邀请获奖者出席相关活动并给予高级礼宾待遇；韩国授予勋章时可同时授予附带奖品和奖金。

7. 注重管理规范化和制度化

一是勋奖章的设计充分体现了本国历史文化元素和风格。在俄罗斯、德国、法国等许多国家，勋章、奖章无论是颜色还是造型都体现了其悠久的历史传统，设计本身具有鲜明的国家和民族特点，以积极向上、突出爱国主题的图像和铭文加以表征，制作精良。例如俄罗斯的最高勋章"圣安德烈"勋章上刻有象征俄罗斯的保护神"圣安德烈"的字母；法国荣誉军团各级别勋章和徽章的象征物主要为代表法兰西共和国的头像，体现着国家的至高荣耀。

二是对勋奖章的佩戴等作出详细严格的规定。勋章、奖章的佩戴是国家功勋荣誉表彰制度的外在展现，反映着一国的礼仪规范和功勋荣誉表彰体系的内在价值。世界主要国家对勋章、奖章的佩戴位置、佩戴时间和场合以及着装要求、佩戴顺序、性别差异等方方面面均有详细的严格规定。例如，美国规定，个人勋章通常佩戴于制服左侧位置，而集体勋章则佩戴于右侧位置。韩国规定，佩戴勋章和奖章时须身着礼服、简易礼服及正装；身着晚礼服、简易晚礼服、便装及韩服时，应佩戴缩小版勋章和缩小版奖章。

三是设置功勋荣誉表彰的撤销与撤回及违法惩处办法。功勋荣誉机制既有进入机制，也有退出机制。在意大利，如因个人违纪违法、徇私舞弊、弄虚作假，骗取国家勋章和荣誉称号的，在撤销称号并收回勋章的同时，应有相应行政处罚，并承担相应的刑事责任。法国实行退出机制，如果获奖者有损害荣誉的行为，将被剥夺荣誉奖励或从荣誉组织中除名。

四是高度重视维护国家荣誉的权威性。2008年俄罗斯检察院及执法部门对打着国家奖励局旗号，自行设立和颁发号称国家权威奖章、奖状，破坏国家奖励秩序的"国防及安全科学院"进行了查处。法国规定，获得外国勋章、奖章的任何法国人只能在荣誉军团管理会会长通过决议授权之后才能接受和佩戴。这些做法和规定，都有效地维护了国家荣誉的权威性。

（二）政策启示和建议

中国在借鉴上述国家的经验方面，应该结合具体国情，扬弃结合。现就进一步完善中国功勋荣誉表彰制度提出以下几点建议。

1. 将完善功勋荣誉表彰制度纳入新时代国家治理体系和治理能力现代化建设过程

在治理的形态中，国家和政府提供制度供给、政策激励和外部约束，而政策激励在国家治理体系中应为重要的一环。国家和政府的鼓励与引导措施，将对国家治理体系和能力建设发挥积极的推动作用。国家治理在发挥主体性的过程中，最重要的原则是奖惩分明。"奖"，即褒扬、鼓励，特别是从精神层面鼓励，这将有利于建设社会主义精神文明，以荣誉激励和鼓励全国各族人民鼓足干劲，为中国特色社会主义事业努力奋斗。

完善党和国家功勋荣誉表彰制度，是吸取中国传统"礼制"中的精华、丰富国家治理体系的内容和体现国家治理能力现代化的重要方式，是国家制度建设的一项重要举措。完善功勋荣誉颁授机制是新时代国家治理体系和治理能力现代化建设的重要组成部分。功勋荣誉颁授机制的完善，需从国家治理的角度作长远考虑，做好顶层设计和统一谋划。党和国家应对此高度重视，常抓不懈，久久为功，在长期实践中不断增强社会各界对功勋荣誉表彰制度的认识，切实起到凝神聚气的作用。

2. 稳定性和动态性相结合，持续推动建章立制工作

在党中央的领导下，目前功勋荣誉表彰的制度建设取得了阶段性成果，相继出台了一系列制度规定，涵盖提名评选、待遇规定等，同时也在顶层设计层面统筹了各类表彰奖励。综合各国情况来看，功勋荣誉体系的持久生命力离不开稳定且与时俱进的制度规范。

（1）进一步细化落实现有基础性制度，推动各级各部门制定出台与国家功勋荣誉表彰制度有效衔接的制度规定

《中央意见》和《勋章法》对国家勋章和国家荣誉称号的性质、授予对象、授予条件、颁授形式、相关待遇、佩戴、保管保存等作了全面和框架性的规定，奠定了坚实的法律基础。党内、国家、军队功勋荣誉表彰条例，待遇规定和帮扶办法等也在一定程度上对各级各部门制定出台配套制度预留了政策接口，建议下一步有必要进一步细化功勋荣誉表彰工作的管理和实施，制定相关实施细则和配套制度，更好地使功勋荣誉表彰制度落到实处。

（2）尽可能实行"一个功勋荣誉表彰项目配备一个法规"的制度

建议各有关部门为每个功勋荣誉表彰项目制定一个切实可行的工作办法，并形成制度，与总的《中央意见》《勋章法》和条例相衔接、相配合，解决好目前部门表彰奖励实际工作中工作机制不顺、不规范的问题。在新设立勋章和奖章时，先行制定评选颁授工作方案，对一些重要的勋章和奖章

制定相应的细则，详细规定表彰项目的授予对象、授予条件、勋章和奖章的造型、佩戴方式等。

（3）适时修订一些功勋荣誉表彰法规

可以预见，勋奖章的评选颁授会不断面临新情况、新挑战，目前已有的制度体系也尚未经过充分的实践检验。建议根据党和国家功勋荣誉表彰制度实践，根据国家利益和经济社会发展的需要，适当增设或删减专门奖项，适时修订一些功勋荣誉表彰的法规。进一步完善相关立法，使功勋荣誉表彰体系的法制化深入发展。

3. 设立党和国家功勋荣誉馆，弘扬国家荣誉精神

建议设立国家级、大型、多功能、综合性功勋荣誉场所，拓展功勋荣誉表彰体系的影响力，更好地发挥功勋荣誉表彰体系引领新时代社会风尚和弘扬社会主义核心价值观的作用，积极宣传获奖者的先进事迹和为国家经济社会发展作出重大贡献人员的功绩和精神，激励全国各族人民继续弘扬爱国精神，为国家社会民族发展作更大的贡献。

国家功勋荣誉场所应冠以响亮和崇高的名称，可以称作"党和国家功勋荣誉馆"或"国家功勋荣誉殿堂"。在党和国家重要的时间节点在此举办重大的授勋仪式。国家功勋荣誉纪念场所的选址应既考虑中国文化传统，又兼顾现代城市发展的可能性。全方位打造功勋荣誉纪念场所的新时代特色。以此为基地构建中外文化交流平台，宣传社会主义核心价值观并展示国家形象。该场所可指定为爱国主义教育基地。不可忽视对于公民荣誉意识的培养、熏陶和长期养成。

4. 坚持精神奖励与物质奖励相结合

功勋荣誉表彰应重视精神奖励，并辅以物质奖励。在政

治待遇和生活待遇方面给予优待。功勋荣誉表彰获得者或可享受如下一些待遇。

（1）对获奖者在相关领域的贡献和作出的功绩进行广泛的宣传，在重大节庆日和国家举行重大活动时给予获奖者出席的待遇和相关礼遇，国家勋章和荣誉称号获得者可受邀参加一些重大的国家典礼，如国庆庆典、阅兵式、抗战纪念日活动等；（2）酌情发放一次性奖金和奖品，并在其他方面予以优待；（3）对与荣誉获得者切身利益有关的养老金、退休金等长期待遇实行适度的倾斜；（4）获奖者的子女在基础教育阶段的入学与教育方面享有一定程度的优待；（5）可酌情按年发放一次服装补贴（佩戴勋章、奖章的礼服），参加授勋仪式的往返路费、食宿报销等。

5. 形成中国特色功勋荣誉表彰颁授仪式规制

第一，确定举办颁授仪式的时间、地点和颁授人。党和国家、军队最高荣誉的颁授仪式可选择于国庆日、建党日、建军节、阅兵式、春节等重大节庆日在国家最高殿堂或专门的功勋荣誉纪念场所举行，并由国家最高领导出席颁授，以此显示颁授仪式的庄严、隆重、崇高和权威性。

第二，制定《功勋荣誉表彰颁授仪式组织实施办法》，详细规定颁授仪式的流程、环节和具体细节。该《办法》应包括下列内容：颁授仪式组织机构；颁授仪式举办时间、地点和颁授人；颁授礼仪规定；颁授仪式流程、勋章奖章颁授方式及佩戴标准、服装要求、仪式宣传、后期管理等内容。

第三，综合运用线上线下、传统和新媒体等多种媒体形式做好宣传工作。宣传工作可分为仪式举行前、举行中和举行后三个阶段来进行。仪式举行前的宣传重点在于公开透明和营造舆论氛围，建议仪式举行前公布获奖者名单和功绩，为颁授仪式做好铺垫和预热；仪式进行中宣传重点在于吸引关注、凝聚共识、扩大影响力，建议以各种方式现场直播颁授仪式过程；仪式结束后的宣传重点在于扩大受众群体和覆盖面，延长宣传时效，建议参考澳大利亚和日本的做法，创办以介绍和宣传中国功勋荣誉表彰制度体系及相关内容为主的政府刊物，同时结合新的技术手段，充分利用新媒体增强宣传效果。

第四，完善后期管理。颁授仪式结束后，要做好纸质及数字电子档案的保存管理工作。建议在功勋簿上，将获奖人功绩、所获功勋荣誉、颁授人和获奖人签名录等相关内容和事项记录下来。依托目前的技术手段，设立奖项和人员在线查询系统，避免不法分子以国家的名义违规设奖或冒充获得者招摇撞骗。同时，吸引公众通过查询、瞻仰增强荣誉意识。

6. 进一步细化和规范勋奖章的佩戴形式

2018年6月中国首次颁授中华人民共和国"友谊勋章"时，"友谊勋章"的样式和设计首次亮相。2019年9月中国集中颁授国家勋章和国家荣誉称号时，"共和国勋章"和国家荣誉称号奖章首次亮相。这些勋奖章的精美设计和制作令人赞叹，体现了鲜明的中国特色。中华人民共和国"友谊勋章"章体以金色、蓝色为主色调，采用和平鸽、地球、握手、荷花等元素，章链采用中国结、万年青、牡丹花、玉璧、兰草等元素，整体采用花丝镶嵌、掐丝珐琅等传统工艺手工制作。设计制作象征中国人民同各国人民友好团结、友谊长存，祝愿世界各国共同繁荣发展。"共和国勋章"以红色、金色为主色调，章体采用国徽、五角星、黄河、长江、山峰、牡丹等元素，章链采用中国结、如意、兰花等元素，整体使用冷压成型、花丝镶嵌、珐琅等工艺制作，象征勋章获得者为共和国建设和发展作出的巨大贡献，礼赞国家最高荣誉，祝福祖国繁荣昌盛，寓意全国各族人民团结一心共筑中华民族伟大复兴的中国梦。国家荣誉称号奖章，以红色、金色为主色调，章体采用五星、天安门、牡丹、旗帜、光芒等元素，章链采用中国结、花卉等元素，整体使用冷压成型、花丝镶嵌、珐琅等工艺制作，象征国家荣誉称号获得者在各领域各行业作出的重大贡献，彰显示范引领作用，激励全国各族人民不忘初心、牢记使命，为实现中华民族伟大复兴的中国梦而不懈奋斗。

考虑到男性和女性身材与正式场合的着装要求存在差异，建议中国的勋奖章设计与佩戴方式也可相应作出性别调整、配合服装设计多种纹章装饰。此外，从各国总体情况来看，不同的服装一般搭配不同的勋章，设计多种多样的佩戴形式，以满足不同场合的要求，非常实用，有利于增强仪式感和提升荣誉感。考虑到目前国内尚无规范明确的礼服，建议适时启动礼服设计工作，同时为勋章设计配套的缩略章、勋花等，规范勋奖章的佩戴，培养和形成中国特色的勋章文化。

7. 加强信息公开，完善社会监督机制

关于功勋荣誉表彰的公开信息应尽可能详细，除了相关法律文件、程序介绍等知识类信息以及受勋人档案类信息外，整个评选授予程序、后续管理及撤销等都应及时在政府官方网站或主要新闻媒体上予以公布、提供查询，以此种方式宣传并扩大中国特色功勋荣誉表彰制度的影响，同时，接受来自人民群众和社会各界的意见、建议及广泛监督。

总之，在各行各业英雄辈出的崭新时代，完善党和国家荣誉表彰管理体制机制，将进一步体现国家意志，彰显新一代领导集体的治国理念，凝聚民心，弘扬中国精神，增强文

化自信，激发全党全军全国各族人民投入新时代中国特色社会主义事业的建设中，为实现中华民族伟大复兴的中国梦凝聚磅礴力量。

（张树华　唐磊　朴光海　贺慧玲　郭志法等　执笔）

第二部分　案例研究

一　英国功勋荣誉表彰制度研究

（一）英国功勋荣誉表彰制度概况

英国的功勋荣誉制度历史悠久，并自成体系。早在英格兰国王亨利三世（1207—1272年）时期，下级勋位爵士就已出现；13—15世纪，五级贵族制大致成形（公爵、侯爵、伯爵、子爵、男爵），逐渐演变为相对固定的贵族等级。到了中世纪后期，为了使各级贵族在骑士精神的感召下建功立业、效忠国王，英国开始设立不同等级的勋章勋位，奖赏他们的战功政绩。经过几个世纪的发展与变迁，英国的功勋荣誉从政治、军事逐步扩展到科学、教育、文学、体育等其他领域，旨在奖励为英国作出突出贡献的人士。现行的英国功勋荣誉主要分为七类，根据候选人所做贡献和影响大小，分别授予伴友荣誉、爵士/女爵士、司令勋章、官佐勋章、员佐勋章、女王志愿服务奖和女王企业奖。勋爵受奖者并不直接享受任何物质待遇。一般而言，英国女王每年会在新年与6月英王生日当天公布获得荣誉称号人士的名单，每批1000人左右。

（二） 英国勋章/奖章管理细则

1. 勋章/奖章的佩戴方式

不同的勋位与英勇奖都有与之对应的勋章或奖章，采用不同的披风、领环、陪星或丝带设计，部分勋位还通过不同质地的勋章体现等级差异。以功绩勋章为例，勋章本身呈十字形，四边红漆，由内至外分别围上白圈与桂冠，配有红蓝相间的丝带。女性将其佩戴于左肩的蝴蝶结上，男性则利用颈部丝带将其悬挂。

圣米迦勒及"圣乔治"勋章获得者在重要日子，均会盛装打扮，穿上特别设计的礼服出席，但服饰式样按等级而异；在普通场合，勋章成员的衣饰则较为简单；在君主指定的领环日（Collar Day），勋章成员在重要场合要把勋章的领环戴在军服或晚礼服上。如果戴上了领环（不论是领环日还是加冕典礼一类的重要场合），就要把勋章悬挂于领环。其他勋章也有各自的佩戴规定。

2003 年《伦敦公报》刊登了一份关于各种荣誉勋章、勋表、奖章的佩戴顺序的公文，规定各级荣誉的等级顺序，由高到低排列如下：维多利亚十字勋章、乔治十字勋章、蓟花勋章、圣帕特里克勋章、巴斯勋章、功绩勋章（仅次于巴斯爵级大十字勋章）、印度之星勋章、圣米迦勒及"圣乔治"勋章、印度帝国勋章、印度皇冠勋章、皇家维多利亚勋章（Ⅰ、Ⅱ、Ⅲ等）、不列颠帝国勋章（Ⅰ、Ⅱ、Ⅲ等）、伴友荣誉勋章（仅次于不列颠帝国爵级大十字勋章）、杰出服务勋章、皇家维多利亚勋章（Ⅳ等）、不列颠帝国勋章（Ⅳ等）、帝国服务勋章、皇家维多利亚勋章（Ⅴ等）、不列颠帝国勋章（Ⅴ等）。

2. 设置专门的纪念堂与陈列馆

勋爵受奖者的信息与事迹将会在《伦敦公报》或政府网站上进行公布。

英国的各项勋位会定期在其规定的地点进行礼拜堂会，具有不同的座席与服饰要求，女王也需定期出席。如不列颠帝国勋章的所属教堂是圣保罗大教堂（该教堂也代表圣米迦勒及"圣乔治"勋章），该勋章的小礼拜堂位于圣保罗大教堂东端的地下室。作为首都的教堂，圣保罗大教堂能够容纳更多的人员，举办大规模的集会，不列颠帝国勋章每四年一次的大型礼拜堂会有 2000 多人参加，因此在大教堂的主堂举行，礼拜堂会期间会正式任命新的爵级大十字勋章获勋人士。女王和现任大团长爱丁堡公爵曾参加了 1969 年举行的正式奉献典礼。

3. 与功勋荣誉表彰相关的待遇

英国的功勋荣誉只是一种精神奖励，荣誉获得者不享受任何物质待遇。各种荣誉获得者会应邀出席英国政治生活中的重要典礼活动，如国王的加冕典礼，他们届时会盛装打扮，戴上勋章、奖章，穿上特别设计的礼服出席，但服饰样式按勋章等级而异。一等、二等勋章获得者及男性成员的妻子、子女均可列入英国贵族地位排名名单之上。

英国人对称呼十分讲究，对贵族称爵位和封号，对从男爵和爵士称"Sir/Dame"，只有对普通公民才称"Mr. /Mrs."（先生/女士），荣誉获得者名字前可以冠以"Sir""Dame""Lady"等尊称，名字后可以加上所获爵位、勋位的头衔缩写，以示尊荣。

英国的荣誉称号与各种荣誉紧密联系，目前保留的荣誉称号主要分为以下七类：伴友荣誉；骑士，又称爵士或女爵士；司令勋章（头衔缩写为CBE）："不列颠帝国勋章"的第三等；官佐勋章（头衔缩写为OBE）："不列颠帝国勋章"的第四等；员佐勋章（头衔缩写为MBE）："不列颠帝国勋章"的第五等；女王志愿服务奖："女王奖励"的一种，用于评选并奖励从事志愿活动的优秀社会团体的一项年度奖项；女王企业奖："女王奖励"的一种，用于评选大不列颠联合王国的优秀公司的一项荣誉，以促进英国商业的发展。

（1）称谓

在贵族的五等爵位中，对公爵、公爵夫人尊称为"Grace"。公爵之子和公爵以下的四等，一般都统称为"Lord"（勋爵），意思是"大老爷""显贵"。公爵、侯爵、伯爵的每一个女儿也都可称为"Lady"。除了对贵族以外，还有别的一些尊称，对从男爵、爵士则尊称为"Sir/Dame"（爵士/女爵士）。爵士的头衔不能继承，其儿子也和普通公民一样用"Mr."相称。另外，以"荣誉会员"身份受勋的外籍人士及神职人员均不可使用上述尊称，只有成为英国公民，方可享用有关尊称。

（2）封号

属于平民阶级的准男爵与爵士爵位并无额外的封号，只有贵族爵位才有类似中国诸侯的封号。英国贵族的封号式样繁多，英王可以授予任何封号，可以是封地地名，也可以是人的全名或姓氏，但有下列规则：通常是以议员的选区、贵族封地或是与受封者有某种关联，或是具有某种重要性的地名，作为封号的一部分，也可以要求以姓为封号的一部分，封号的授予会征询当事人的意见。一些古老世家的世袭贵族往往会在自己的爵位前标明承袭该爵位的辈数，以示家族的

荣光，或者为了便于区分，因为往往几代的爵位称号都完全
相同。

（三）英国勋章/奖章的设计与规范

不同的勋位与英勇奖都有与之对应的勋章或奖章，采用
不同的披风、领环、陪星或丝带设计，部分勋位还通过不同
质地的勋章体现等级差异。

1. 现行勋章

目前，英国共有十项勋
位，按等级依次为：1348 年
设立的嘉德勋位、1687 年设
立的蓟花勋位、1723 年设立
的巴斯勋位、1902 年设立的
功绩勋位、1818 年设立的圣
米迦勒及"圣乔治"勋位、
1892 年设立的皇家维多利亚
勋位、1917 年设立的不列颠
帝国勋位、1917 年设立的伴
友荣誉勋位、1886 年设立的
杰出服务勋位、1902 年设立
的帝国服务勋位。

这些勋位由英国君主专
门授予那些在不同领域功勋
卓著的人，例如圣米迦勒及
"圣乔治"勋章通常授予那些

图1　1640 年以来的嘉德勋章

在英联邦事务和外交事务中的杰出贡献者，历任香港总督多有获此勋位的。每一项勋位都有与之相对应的勋章，其中一些勋位还通过不同质地、不同样式的勋章体现等级差异。

嘉德勋章是英国历史上最悠久、级别最高的骑士勋章，以表彰从事公共事务，为民生或君主作出特殊贡献的人。嘉德勋章只有一个级别：爵级勋章（Knight/Lady），头衔缩写为 KG/LG。

嘉德勋章的样式经过了几个世纪的发展，起初是一个蓝色吊袜带和一个绘有"圣乔治"骑马屠龙像的徽章，16 世纪增加了领环，17 世纪又增加了佩星和宽丝带。法例规定，领环不能饰以宝石，而其他徽章则可以根据个人喜好随意装饰。众所周知，爱慕虚荣的乔治四世就有 55 个样式不同的嘉德徽章。嘉德勋章的格言是"Honi soit qui mal y pense"（意为"心怀邪念者可耻"）；其守护神是"圣乔治"（也是军人和英格兰的守护神）。

其余勋章的设计也各具特色和含义。

图 2　维多利亚十字勋章

2. 英勇奖

英勇奖是为了表彰不惜冒着生命危险去救助或努力救助女王子民的个人英勇行为，或是为了预防犯罪、抓捕或尽力抓捕危险犯罪分子时表现出的无私的英勇行为而设立的多个奖项。

例如，维多利亚十字勋章是英国军队的最高荣誉，颁给临阵极其勇武的军人。维多利亚十字是与乔治十字齐名的最高等级的联合王国英勇奖，只是前者用于军事领域，后者用于民事领域。但维多利亚十字要优先于乔治十字，如果一个人同时获得这两种勋章，佩戴时要将维多利亚十字排在前面。维多利亚十字勋章获得者可以在姓名之后加以"V. C."的头衔缩写，以示极其尊荣。

此外，英勇奖还有显著英勇十字勋章、乔治十字、乔治奖章，等等。乔治奖章可以死后追赠，而且并不限于英国子民，获勋者可以在其名字后加上"GM"头衔缩写；女王英勇奖章是联合王国及英联邦国家的第三等民用勋章；女王英勇奖状是联合王国的一项英勇奖，表彰舍生忘死、应得到国家承认的英勇行为。

3. 女王奖

除了上述荣誉奖项外，女王伊丽莎白二世还以自己的名义设立了一些奖项，以奖励在某些领域取得杰出成绩的

图3　女王诗歌金奖

个人或团体，包括建筑、勘探、诗词、警务和科学领域。如女王诗歌金奖，获奖者被授予一枚金质奖章，奖章正面是戴着王冠的女王肖像。奖章由女王出资，皇家造币厂制造。

（四）英国功勋荣誉表彰相关法律法规

1. 功勋荣誉表彰的法律生效

英国的荣誉制度根据候选人的成就、服务和勇气给予国家奖励，通常每年评选两次，分别在女王生日和新年时公布。英国的荣誉制度虽然有着一套严格的评选标准和评选程序，却并没有一部完整和全面的成文立法，《1925年荣誉封号（防止滥用）法例》是现存的关于功勋荣誉表彰制度的唯一法规。这部在1920年通过的法例，是在时任英国首相大卫·劳合·乔治被指出售爵位以换取利益的背景下推出的。制定这条法例是为了防止有人以英国传统的荣誉封号换取利益。这一法例虽然保护了来自王室的荣誉封号，却遗留给市场不少可钻的空子，而最容易被利用的，就是庄园主的荣誉封号。

2. 滥用荣誉称号的惩处措施

按照《1925年荣誉封号（防止滥用）法例》，任何人违反法例规定，一经定罪，可能被判最高两年监禁，也可能被罚款，数目不限。该法例的第一条说明，任何人都不得以馈赠、金钱或者其他利益为自己或者其他人取得荣誉头衔。触犯法律者将被定罪。

（五）英国功勋荣誉表彰管理机构的设置和运行

1. 机构级别

英国荣誉表彰的主要事宜由内阁仪式秘书处负责管理。内阁仪式秘书处的评审委员会分为两个等级——主委员会和八个分委员会。八个分委员会分别为艺术与媒体、体育、卫生、教育、科技、经济、社区志愿者与地方服务、国家委员会，分别涉及不同的领域和社会生活的方方面面。为了保证公正性，委员会的成员均公开招录，委员会主席和绝大部分成员的身份应独立于政府部门之外。只有在某些特殊情况下，有些分委会才会考虑引用一些官方人员。

颁授典礼由骑士勋章的中央档案处负责组织，只有女王有权授予各项荣誉，包括终身贵族、爵士勋位及勇士勋章。女王或威尔士王子在授勋典礼上向荣誉获得者颁发荣誉，大多在白金汉宫的舞厅、爱丁堡的荷里路德宫或加德夫城堡等地举行。女王或其他王室成员到其他国家访问期间，也偶尔在国外举行。

公共行政特别委员会则负责监督和审议国家荣誉制度的执行情况；英国还专门设有纹章院，管理各个地区的纹章事务。

2. 运作方式

被送到内阁仪式秘书处评审委员会的初选名单，根据候选人工作领域的不同，由分委员会先进行评估，再将评估后的名单送交主委员会。经过主委员会讨论和审议后，确定最终名单并送交内阁办公室，由办公室书记将名单呈交首相，再由首相交给女王，进行最后的确认。贵族的册封则由英国首相负责，女王行使形式上的准予权并出面加封。

英国女王每年会公布两次获得荣誉称号人士的名单，每批 1000 人左右，一次是新年，称为新年荣誉；一次是 6 月英王生日，称为生日荣誉。授予仪式会在英王即位及佳节庆典时盛大举行。

（六）特点与启示

1. 英国功勋荣誉表彰制度及管理体制的特点

英国是最早设立功勋荣誉表彰制度的国家之一，其功勋荣誉表彰制度及管理体制具有明显的特征。

第一，历史悠久、等级繁多。英国是最早设立功勋荣誉表彰制度的国家之一，迄今已有 660 多年历史。英国功勋荣誉表彰制度中设有许多荣誉奖项，根据候选人所做的贡献和不同的工作领域授予不同的荣誉，主要包括勋章、勋表、奖章，每种荣誉下又设有多个等级的荣誉体系。

第二，封建色彩浓厚。英国的封建体系与爵士制度有极其久远的历史背景，几个世纪以来，英国勋位和功勋荣誉表彰制度同贵族制度一样历经沧桑，几度变迁。在王权日益被削弱的英国君主立宪制里，授予爵位、颁发勋章是王室手中仍然握有的重要权力之一。虽然这种历史悠久的功勋荣誉表彰制度已经演变为一种社会精神激励制度，但那些沿用至今的贵族头衔却显得与现代社会格格不入。

第三，政治性较强。随着议会立法权力的增长及以首相为首的政府内阁的介入，确定荣誉候选人的方式也发生了改变，君主不再按照个人的意愿随意颁发荣誉，而是要参考首相的建议。现代英国册封贵族的主要原因还是出于英国首相的政治需要。这种做法始于 20 世纪 60 年代的保守党首相麦克米伦，他最早用册封终身贵族来报答政界好友、党内保护人和私人至交，从此以后，历任首相无不效法。按照规定，勋爵候选人推荐的标准是，接受荣誉勋爵的人须在各自的领域，包括商业、艺术等，作出重大贡献。但在实际操作中，王室分封的荣誉勋爵大都集中在政坛、商界和娱乐圈。由于涉及英国政府，每年英国社会都为候选人的名单争论不休。

第四，有严格的评选程序，却无成文立法。英国的功勋荣誉表彰制度根据候选人的成就、服务和勇气给予国家奖励，虽然有着一套严格的评选标准和评选程序，但并没有一部完整和全面的成文立法。

2. 启示

综上所述，英国的功勋荣誉表彰管理体制有比较连贯的历史传承，但也有比较不成熟的做法，对此，中国在借鉴英国经验方面，应该结合具体国情，扬弃结合。

第一，国家最高荣誉应当由国家最高领导或最高机构设立，并选择重要的节日举行隆重的仪式进行颁授，例如国庆节、春节等。这样既能充分体现出国家荣誉的权威性和崇高地位，也能显示国家对功勋荣誉的高度重视，有益于在国内外提高中国国家荣誉的声誉。

第二，荣誉的设置要合情合理。首先，奖励的涵盖面要广，要覆盖社会主义建设的各行各业。其次，要具有等级性。一方面，可以根据贡献的大小授予不同级别的国家荣誉；另一方面，预留一定的上升空间，以便激励已获得荣誉的人继续努力追求更大的进步。最后，名称设计要庄严、响亮、易于宣传，并体现中国特色。

第三，国家级勋章奖章的颁授对象应走向国际，成为中国展示国家形象、文化和社会主义价值体系的重要工具。英国的功勋荣誉表彰制度、悠久的国家勋章在世界范围内都被认为是无上光荣，如英国的嘉德勋章等，其权威性受到全世界的广泛认可。

第四，制定详细的相关法律、法规和选拔评审章程，并设立具有权威性的高级别管理委员会，对目前多头管理的现状进行整合，为勋章的设立与授予、候选人的选拔与资格审核、受勋者的管理等一系列活动提供规范的法律和制度保障。鉴于英国在法律方面的缺失带来的勋章管理不便的情况，中国要吸取英国的教训。

（唐磊　执笔）

二 美国功勋荣誉表彰制度研究

（一）美国功勋荣誉表彰制度概况

美国的国家荣誉和奖项大多源于战争。从两个多世纪前的独立战争到南北战争、两次世界大战，再到现在硝烟未散的反恐战争，都构成这个国家功勋荣誉制度演进的必不可少的时代背景。就美国荣誉奖项的类别而言，大致可以分为两种：军事荣誉和平民荣誉。军事荣誉的历史最早可以追溯至美国宣布独立之前的1756年。当时曾以费城名义授予约翰·阿姆斯特朗上校（后为将军）一枚奖章，以表彰他在基塔宁区（今宾夕法尼亚州）攻打印第安部落的"功绩"。1775年，美国独立战争爆发。乔治·华盛顿临危受命，率领大陆军围攻盘踞在波士顿的英国驻军，将其赶出了被围困8个月之久的波士顿，取得了独立战争开始后的首次重大胜利。为了纪念这次胜利，1776年3月25日，经大陆会议投票表决，决定授予华盛顿本人一枚"华盛顿在波士顿"（Washington before Boston Medal）金质奖章，这是美国独立革命中的一起重要事件。①

---

① Matthew Eric Glassman, "Congressional Gold Medals, 1776 – 2016", *Congressional Research Service*, February 13, 2017.

　　独立战争期间颁发的另一枚著名勋章是忠诚大奖章（Fidelity Medallion），又名"安德雷抓捕奖章"，它根据 1780 年大陆会议法案设立，用以表彰三名拒绝重金诱惑、抓获英军少校约翰·安德雷的纽约州民兵。感佩于他们的爱国行为，美国战争与军械委员会（Board of War and Ordnance）授权三军总司令授予这三名民兵每人一枚银质奖章。同时，国会决定每年从公共财政中拨款 200 美元/人，作为对其个人的物质奖励，直至三人离世。① 忠诚大奖章为盾牌形制，正面印有"忠诚"字样，背面印有拉丁文"AMOR PATRIÆ VINCIT"，意为"对祖国的爱高于一切"。由于忠诚大奖章只颁授过一次，且用途仅限于具体的英雄事迹，故而其纪念意义远大于实际意义。

　　两年以后（1782 年），时任将军的乔治·华盛顿在纽约州纽堡市下令增设两个奖项，即"荣誉杰出徽章"（Honorary Badge of Distinction）和"军事功绩徽章"（Badge of Military Merit），旨在表彰将士们在服役和战争期间取得的"个人功绩"。荣誉杰出徽章的形制十分简陋，仅为一根缝在士兵制服左袖上的白色布条；士兵每服役三年，即可获得一枚徽章，数量可以累计。这种做法一直流传至今，成为我们熟知的"军役袖章"。军事功绩徽章由华盛顿亲自设计，为一片紫色心形（布质或丝质）织物，周围镶有同色花边，佩戴于获奖者的左胸位置，这就是大名鼎鼎的紫心章的雏形。根据美国国家档案馆的记载，在独立战争期间，军事功绩徽章仅有三位获得者，均为士官级别。独立战争结束后，该章曾一度中止颁授，直至 1932 年才得以恢复，并正式更名为紫心章。按照规定，徽章获得者的名字将被载入陆军"功绩册"（Book

---

　　①　http：//www.revolutionarywararchives.org/medalsandawards.html.

of Merit）；徽章佩戴者无论其军衔如何，均有权在不受盘问的情况下通过所有哨卡，并像军官一样受到敬礼致意。在当今美国，这种待遇只有荣誉勋章的获得者才能享有。正是由于这个原因，很多人认为，军事功绩徽章是美国历史上最早的军事勋章。

美国历史上最著名的荣誉勋章（Medal of Honor）诞生于南北战争（1861—1865 年）期间。它根据 1862 年国会法设立，是美国政府颁发的级别最高且最难获得的军事荣誉。荣誉勋章由美国总统以国会的名义颁发，其授予对象是"在战斗中冒生命危险，在义务之外表现出英勇无畏"的军人。1861 年 12 月 9 日，美国爱荷华州参议员詹姆斯·格兰姆斯（James W. Grimes）向参议院提交了一份提案，请求"准许荣誉勋章的生产和配发"，以"提升海军的效率"。12 月 21 日，林肯总统签署法案，（海军）荣誉勋章自此诞生。根据记载，首批（海军）荣誉勋章总共生产了 200 枚左右。次年，即 1862 年，陆军荣誉勋章也应运而生。空军荣誉勋章直到 1956 年才出现，这是因为，美国空军在 1947 年以前一直隶属于陆军部，而不是一个单独的军种。有意思的是，在朝鲜战争期间，四名美国空军曾被授予荣誉勋章，但是由于当时空军勋章尚未诞生，因而他们获颁的是陆军荣誉勋章。

值得一提的是，荣誉勋章最初是作为一项普通军事荣誉出现的，其设置初衷也是"提升海军的效率"。此后，在长达半个多世纪的时间里，荣誉勋章与其他奖章并没有高低等级之分。直至 1918 年 7 月，即第一次世界大战期间，美国才集中增设了一大批荣誉奖项，包括模范服役十字勋章（Distinguished Service Cross）、模范服役奖章（Distinguished Service Medal）、银星勋章（Silver Star）等。为了有效区分这些奖章，国会法案作出规定，总统以国会的名义颁发荣誉勋章；

对于其他级别较低的勋章，总统可以出面颁发，但是不得"以国会的名义"。荣誉勋章在美国荣誉金字塔中的塔尖地位由此奠定。

两次世界大战，特别是第二次世界大战的爆发，极大地促进了美国军事荣誉的发展。这主要体现在以下几个方面：首先，军事奖章的数量和种类较以前有了大幅增加。两次世界大战期间颁发的军事奖章有：海地战争章（Haitian Campaign Medal）、墨西哥服役章（Mexican Service Medal）、越南服役章（Vietnam Service Medal）、中国服役章（China Service Medal）等。仅在1942年当年，罗斯福总统就签发了三个奖项，分别是美洲防御服役勋章（American Defense Service Medal）、美洲战役勋章（American Campaign Medal）和亚太战役勋章（Asiatic-Pacific Campaign Medal）。其次，在原有勋章的基础上，美国增设了十字章和星章，如飞行十字章（Flying Cross）、银星章、铜星章（Bronze Star）等。最后，授奖范围由先前单一的军种扩大到包括海、陆、空、海军陆战队和海岸警备队在内的各个军种。此外，从第二次世界大战开始，美国政府允许本国官兵接受外国政府颁发的奖项。

第二次世界大战结束后，尽管美国在相当长时间内奉行冷战思维，却在客观上营造了一个相对和平、稳定的国内环境。在此背景下，设置平民荣誉奖项的呼声开始高涨。1962年11月，盖洛普机构进行了一项民意调查，调查的主题是：是否应当设立一个"国家荣誉名录"（National Honors List），用以表彰在科学、文学、艺术、教育、宗教、社区服务等领域作出突出贡献的人士。结果显示，这一建议受到广大民众及各个党派的热烈响应。在调查结束后不到三个月，肯尼迪总统就下令将原有的自由勋章重设为"总统自由勋章"，并将其授奖范围拓展到美国安全、国家利益、世界和平、文化等诸多非军事领域。总统自由勋章成为和平时期美国总统授予平民的最高荣誉之一。与此同时，其他一些军事荣誉（如国会金质奖章等）也经过恢复或修改，相继实现了自身的和平"变身"。

经过两个多世纪的发展，美国国家荣誉制度体系已经日臻完善。目前，美国每年颁发的各种国家级荣誉多达上百项，范围涵盖自然科学、社会科学、人文科学、艺术、宗教、军事、医学、体育、娱乐等各个领域。其中，有些荣誉早已超越美国的国界，成为世界闻名的大奖。为了叙述的方便，本报告将重点围绕美国的最高军事和平民荣誉（荣誉勋章、总统自由勋章和国会金质奖章）展开。

（二）美国勋章/奖章管理细则

1. 勋章/奖章佩戴

（1）佩戴方式

美国的勋章/奖章佩戴方式基本上沿袭了英国及欧洲大陆的传统，即从右至左的顺序。其中，个人勋章通常佩戴于制服左侧位置，而集体勋章则佩戴于右侧位置。无论是个人勋章还是集体勋章，其佩戴顺序都是按照荣誉的级别高低来排列的，即级别较低的荣誉总是位于制服之下、之左，而级别较高的荣誉总是位于制服之上、之右。

按照佩戴部位的不同，美国国家荣誉表彰大致可以分为颈章、胸章、肩章、领章四类。顾名思义，颈章通常佩戴于获奖者的脖颈之上，配有一根长长的颈带。颈章的数量相对较少，目前只有六个，分别是：荣誉勋章、公共安全人员勇气勋章、9·11英雄勇气勋章、随军教士英勇勋章、总统自由勋章，以及三军功绩章。其中，荣誉勋章和总统自由勋章分别是美国最高级别的军事荣誉和平民荣誉。一般而言，颈章相对于其他荣誉表彰的地位更高。胸章是美国目前数量最多、佩戴范围最广的荣誉表彰。它一般分为两种：个人勋章和集体勋章，前者佩戴于获奖者的左胸位置，后者则佩戴于右胸位置。美国比较著名的胸章有紫心章、银星章、模范服役十字勋章等。除了胸章之外，美国还有少数肩章，佩戴于左肩或右肩上。肩章主要包括射击勋章、技能徽章等。领章也称领针，历史上曾用于标明军阶或所在部队番号，所有军队成员均须在制服领上佩戴。第一次世界大战以后，领章的属性和用途逐渐发生了变化，开始颁发给那些在战斗中有突出表现的军人，现已成为军人军衔地位的象征。

若所涉及荣誉包含两个以上不同的类别，则勋章的佩戴次序是（自上而下）：①美国军事表彰；②美国集体奖项；③美国非军事表彰；④美国服役（战斗）奖章、服役/训练勋标；⑤美国非军事集体奖项；⑥外国军事表彰；⑦外国集体奖项；⑧非美国服役奖项；⑨国民警卫队奖项。

若所涉及荣誉同属一个类别，以美国军事表彰为例，则佩戴次序是（自上而下）：①（陆、海、空）荣誉勋章；②模范服役十字勋章；③海军十字勋章；④空军十字勋章；⑤国防部模范服役奖章；⑥（陆、海、空、海岸警卫队）模范服役奖章；⑦银星章；⑧国防部高级服役勋章；⑨三军功绩章；⑩模范飞行十字勋章；⑪士兵勋章；⑫海军和海军陆战队奖章；⑬飞行员勋章；⑭海岸警卫队奖章；⑮铜星章；⑯紫心章；⑰国防部功勋服役勋章；⑱功勋服役勋章；⑲空军勋章；⑳航空成就勋章；㉑联合服役嘉奖勋章；㉒陆军嘉奖勋章；㉓海军嘉奖勋章；㉔空军嘉奖勋章；㉕海岸警卫队嘉奖勋章；㉖联合服役成就勋章；㉗陆军成就勋章；㉘海军成就勋章；㉙空军成就勋章；㉚海岸警卫队成就勋章；㉛作战行动勋表。

关于勋表。勋表的尺寸一般为 13/8 英寸（长）×3/8 英寸（宽），其佩戴方式也遵循自右至左的顺序，按照一行或多行排列。勋表之间可不设间隔，也可按 1/8 英寸的距离间隔开来。一般而言，只有在勋表达到或超过 4 个的情况下，方可按照两行排列。只有在第一行和第二行的勋表数量相等的情况下，才能起排第三行。

关于星章。获奖者一次所佩戴的数量不得超过 4 枚。两枚星章应按并排或上下顺序排列。三枚星章应按三角形排列，三角形的顶角朝上。第四枚星章应置于三角形的下方。

关于集体奖。集体奖项应佩戴于制服右侧，并根据奖项级别的高低不同，自右向左排列。每行的集体奖数量不得超过 3 枚，奖项与奖项之间不设间隔，但是列与列之间的间隔约为 1/8 英寸。外国集体奖的佩戴次序应居于美国集体奖之后。

（2）佩戴场合

关于军事表彰或勋章在便服上的佩戴场合，美国联邦法律并没有统一的规定。然而，各大军事部委却有着各自的规定。例如，根据陆军部军规第 670—1 条第 29 节规定，在下列两种场合中必须佩戴奖章：①游行、检阅、巡视和葬礼；②庆典和社会场合。若非禁止，相关人员可在执勤期间自行佩戴奖章。在非执勤期间，相关人员也可在"适宜的"制服（另行规定）上佩戴奖章，陆军部鼓励相关人员在军装、西服和礼服上佩戴奖章。无论是在执勤期间还是非执勤期间，士兵均可在 B 级制服上自行佩戴奖章。与此同时，陆军部禁止在某些特定情况下佩戴奖章：①在规定允许之外的制服上（见美国法典 Section 704，Title 18，United States Code）；②在监禁期间；③在便装上。在不允许或不适合着军装的正式社会场合中，士兵可在正式的便装上佩戴小型奖章。

近年来，美国逐渐放宽了军事勋章佩戴的场合。自 2006 年起，美国退役军人事务部（Department of Veteran Affairs）鼓励所有退役军人在老兵日、亡灵纪念日、独立日及其他游行、庆典、丧葬、婚礼等正式场合佩戴勋章或表彰，以体现军人的荣誉感。

一般而言，军事荣誉不得在休闲娱乐性服装（如棒球帽、T 恤衫等）上佩戴。但是，少数平民勋章却可以在军人制服上佩戴。按照高低次序的不同，这些勋章包括：总统自由勋章、总统公民奖章、总统联邦杰出公务员奖、国防部杰出平民服务奖、国防部长捍卫自由勋章、国防部长优异平民服务奖、国防部办公室突出平民服务奖等。

2. 功勋簿或类似的登记制度

荣誉勋章获得者可以向美国退役军人事务部提出申请，将自己的名字列入荣誉勋章名册（Medal of Honor Roll）。荣誉勋章名册由荣誉勋章协会（Medal of Honor Society）负责日常运营和维护。荣誉勋章协会位于哥伦比亚特区，属于联邦特许机构。列入名册的人员经申请后，可以终身享受一定数额的特别养老金和军装补贴，并一次性享受一定数额的交通补贴。

3. 专门的纪念堂与陈列馆

美国有很多一般性的纪念场所，如第二次世界大战纪念园（World War Ⅱ Memorial）、朝鲜战争阵亡老兵纪念园（Korean Veterans Memorial）、越战阵亡老兵纪念墙（Vietnam Veterans Memorial）、阿灵顿国家公墓（Arlington National Cemetery）、福吉谷国家历史公园（Valley Forge National Historical Park）等，供人们瞻仰或缅怀。对于一些比较重要的国家荣誉，如荣誉勋章，会设有专门的纪念馆或博物馆。

国会金质奖章在史密森尼博物馆的不同分馆均有收藏，主要用于展示和研究目的。例如，国家航空博物馆（National Air and Space Museum）藏有塔斯克基飞行队奖章，非裔美国人历史和文化博物馆（National Museum of African American History and Culture）藏有蒙特福特角舰队奖章，国家历史博物馆（National Museum of American History）藏有美国战略情报局（OSS）奖章，美国艺术档案馆（Archives of American Art）藏有古迹卫士奖章，美国印第安博物馆（National Museum of the American Indian）藏有印第安人密码会话者奖章，等等。由于国会金质奖章的个人奖章多为获奖者所拥有和保管，因此史密森尼博物馆的藏品多为集体奖章。

荣誉勋章博物馆（Medal of Honor Museum）位于南卡罗来纳州查尔斯顿港东部海岸的爱国点滨水区内，邻近"标志性的拉夫内尔桥"和退役的约克城号航空母舰。该博物馆成立的目的是纪念保卫美国而服役和牺牲的人们，以及自南北战争以来获得国家最高军事勋章——荣誉勋章——的英雄。荣誉勋章博物馆采用桥塔形式，以混凝土和玻璃建造而成，高 128 英尺（与相邻的约克城号航空母舰大致相当），面积约 107000 平方英尺。博物馆主要由五个画廊组成，这五个画廊在顶部组成一颗巨大的五角星，寓意"众多个体事迹汇聚而成一个强大的集体故事"。目前，为了凸显荣誉勋章至高无上的地位，一个国家级的荣誉勋章博物馆正在积极筹建当中，用以取代较小规模的原馆。新馆计划预算 1 亿美元，将毗邻原有的旧馆。国家荣誉勋章博物馆成立有专门的基金会，其荣誉理事包括奥巴马、大小布什、克林顿、卡特等在内的多位美国前任总统。基金会接受来自社会各界的捐赠。

4. 与功勋荣誉表彰相关的待遇

大体而言，美国的国家荣誉更加侧重精神鼓励，而不太重视物质奖励。其中很大一个原因在于，从独立战争时起，美国的国家荣誉就秉承了激励爱国热忱、提振将士士气的历史传统。正如开国元勋华盛顿1782年在设立军事功绩徽章时所说的："在爱国的军队和自由的国度里，荣誉之路对所有人都是敞开的。"因此，在多数情况下，高级将领与普通士兵、权贵阶层与普通民众所获的荣誉之间并没有高低等级之分。例如，美国科技界的"诺贝尔奖"——国家科学奖和国家技术奖均不设奖金，而只颁发一枚奖章，以表彰科学技术人员在各自领域中所作出的杰出贡献。目前，三军功绩章（Legion of Merit）是美国唯一分设等级的荣誉奖项，它包括司令官、司令、军官和士兵四个级别。

然而，对于一些极其重要的国家荣誉和奖项，美国则会通过法律的形式来保障获得者享有相应的权利和待遇。例如，位于美国荣誉金字塔塔尖的荣誉勋章获得者享有以下权利[1]：①晋升机会和物质补贴。获得勋章的现役军人可以自动获得一次晋升机会；退休人员可以向美国退伍军人事务部提出申请，将自己的名字列入荣誉勋章名册（Medal of Honor Roll）。列入名册的人员可以终身享受一定数额的特别养老金和军装补贴，并一次性享受一定数额的交通补贴（见表1）。②空乘资格。依据国防部第4515.13-R号规定，勋章获得者可终身享有城市间或海外空乘的特别资格。在勋章获得者陪同的情况下，其家庭成员也可享有相关待遇。此外，勋章获得者享

---

① https：//www. warhistoryonline. com/instant-articles/medal-of-honor-recipients. html.

有不用排队优先登机的特权。③特制身份证件。勋章获得者本人及其合法子女持有专门的身份证件，并享有购物、汇率和停车特权。④子女录取。勋章获得者的合法子女可不受提名或名额限制由美国军事学院录取。⑤养老金。依据美国法典第 10 条第 3991 号规定，勋章获得者的退休金以 10% 的幅度增长。⑥荣誉勋章旗。2002 年 10 月 23 日以后的勋章获得者可获颁"荣誉勋章旗"（Medal of Honor Flag）。此前的获得者只要在世，也可获颁。⑦着装。勋章获得者可不受限制，较为"随意地"穿着军装，但是不得怀有政治、商业或极端目的；退休人员可在"适宜"的便装上佩戴荣誉勋章。⑧庆典活动。勋章获得者将自动获邀参加总统就职典礼，以及其他国家级或地方级庆祝活动。⑨特制驾驶牌照。目前，美国约有 40 个州为勋章获得者颁发特制的驾驶牌照（见图 4）。⑩丧葬荣誉。勋章获得者过世后，可按荣誉军礼规格葬于阿灵顿国家公墓。美国退伍军人事务部将为其提供一块特制的刻有金色铭文的墓碑（见图 5）。此外，对于去世的勋章获得者，其名字可用于城市建筑、街道和市政厅的命名等。

图 4　美国纽约州荣誉勋章　　　图 5　位于美国阿灵顿公墓内的
　　　获得者的驾驶牌照　　　　　　　一处荣誉勋章获得者墓碑

表1　　　　2009—2019 年荣誉勋章获得者享有的津贴数额变化　（单位：美元）

年度	2009	2010	2011	2012	2013	2014	2015	2016	2017	2018	2019
交通补贴（一次性）	11000	/	18900	19505	19817	20114.34	20174.68	20235.20	20577.18	21058.62	21488.29
服装补贴（每年）	716	/	741	753	764.30	777.29	777.29	777.29	795.21	817.48	830.56
养老金（每月）	1194	/	1237	1259	1277.89	1299.61	1299.61	1299.61	1329.58	1366.81	1388.68

资料来源：美国退伍军人事务部网站，https：//www.benefits.va.gov/compensation/special_Benefit_Allowances_2018.asp。

除物质福利和待遇外，关于荣誉勋章，还有两条不成文的规定：一是所有军阶的军人（无论其军衔高低）都要向荣誉勋章获得者敬礼；二是获奖者要先于未获奖者受到问候和敬礼。

5. 功勋荣誉表彰的撤销与勋章/奖章的撤回

在美国历史上，曾经发生过荣誉奖项被撤销的情况。其中，规模较大的一次撤销事件发生在 1916 年。当时，美国战争部（War Department）专门成立了一个专家小组，用以审议所有荣誉勋章获得者的相关获奖记录。经过严格的审议，在此前所颁授的 2625 枚荣誉勋章中，共有 911 枚勋章被认定为名不副实或不达标准而遭到撤销，[①] 这一数字超过了颁授数量的 1/3，可见撤销力度之大。直至 1989 年，美国陆军记录修正委员会（U.S. Army Board of Correction of Records）才对此次撤销事件重新进行了审议和修正，并恢复了其中 5 人所

———————

①　Barbara Salazar Torreon，"Medal of Honor：History and Issues"，https：//fas.org/sgp/crs/misc/95-519.pdf.

获的勋章。自那以后，再未发生过荣誉勋章遭到撤销或废除的事件。然而，如果一旦有恢复荣誉勋章的申请，则应遵循与推荐和颁授不同的程序。首先，相关申请应由总统、国会议员或国防部长提出；其次，申请应提请军事记录修正委员会考虑。若委员会同意恢复荣誉，则会将恢复决定告知相应部长，最后再提交给总统签署。

关于总统自由勋章的撤销机制尚不清楚。2002 年，布什总统曾授予美国著名喜剧演员比尔·科斯比（Bill Cosby）一枚总统自由勋章。2015 年，多位女子指控其吸毒、性侵，此事一度闹得沸沸扬扬，甚至在民众中引发了要求撤销其勋章的呼声。但最终，美国总统奥巴马否决了该提议，其理由是"勋章撤销没有先例，我们没有那样的机制"。

对于级别较低的勋章/奖章，如模范服役十字勋章，撤销事件一般基于三个方面的原因：一是勋章/奖章被升格为更高级别的勋章/奖章；二是两个不同的机构对同一人的同一次行动重复颁发了奖项；三是勋章/奖章的勋表需要重新设计或修改。例如，1968 年 5 月 2 日，军士长罗伊·维德兹（Roy Benavidez）在越南战争中冒着生命危险拯救了八个战友，从而被授予模范服役十字勋章。当时，罗伊所在部队的司令员曾建议将其十字勋章升格为荣誉勋章，但是由于未能找到战场上的目击证人，升格请求遂遭到陆军表彰委员会的拒绝。直到 1980 年，相关目击证人被找到后，罗伊本人才被正式授予荣誉勋章。

少数撤销事件可能来自公众舆论方面的压力。例如，1905—1907 年，为了庆祝南北战争结束 40 周年，同时为了纪念美国历史上发生过的其他战争，美国战争部集中颁发了一批纪念奖章，包括：西班牙战争章（Spanish Campaign Medal）、南北战争纪念章（Civil War Campaign Medal）、菲律宾战争章（Philippine Campaign Medal）、印第安战争章（Indian Campaign Medal）等。其中，印第安战争章的授予对象包括那些曾在1865—1891年参加印第安战争的陆军士兵。值得一提的是，迫于"镇压印第安民族及其文化"的舆论压力，美国政府后来不得不宣布废止印第安战争章，并着手对该奖章予以召回和销毁。近期，美国民主党总统候选人伊丽莎白·沃伦（Elizabeth Warren）和伯尼·桑德斯（Bernie Sanders）均表示，若其竞选总统成功，将推动召回美国士兵在1890年翁迪德尼之战（又称"伤膝溪屠杀"）中因屠戮印第安人而获得的荣誉勋章。

近年来，由于美国执意推行单边主义，肆意干涉他国内政，也出现了少数"回避受奖"的情形。例如，2003年，为了感谢英国前首相布莱尔在伊拉克战争中对美国给予的支持，美国国会决定向其授予国会金质奖章，但是由于布莱尔在国内受到民众的猛烈抨击，因而不得不请求美国取消了授勋仪式。

6. 滥用功勋荣誉表彰的惩处措施

美国法典第18条第33章第704条（18 U. S. Code § 704）规定了针对军事荣誉的不法行为的惩处措施。按照规定：除法律特别许可外，任何人故意买卖、诱买、邮寄、船运、进口、出口、出产、售卖、出卖、交易、置换或交换国会授予军方的任何勋章或表彰，或军方成员的任何服务勋章或徽章，包括徽章的绶带、绶扣和领花、勋章装饰物，以及彩色模仿物，都将被处以相应的罚款或半年以下的监禁，或者兼处罚款和监禁。任何人为了达到获取金钱、资产或其他有形待遇的意图，而谎称自己是军事表彰或勋章（C2或D条目下所规定的）获得者的，将被处以罚款或一年以下的监禁，或者兼处罚款和监禁。

如果所涉及荣誉奖项为荣誉勋章，则除了以上规定刑罚外，还将额外处以罚款或不超过一年的监禁，或者兼处罚款和监禁。如果所涉荣誉为其他级别的勋章/奖章，包括模范服役十字勋章、银星章、紫心章等，无论以口头或书面的形式非法拥有该章，或者非法佩戴、（企图）购买、招购、邮寄、海运、进口、出口、制造、（企图）售卖、做广告、交易或交换该章，都将被视为联邦罪，也将额外被处以罚款或不超过一年的监禁，或者兼处罚款和监禁。

2006 年 12 月 20 日起最新实施的"2005 年反窃取英雄荣誉法"（Stolen Valor Act of 2005）在原有规定的基础上，进一步扩大了入罪范围，加强了对军事荣誉的法律保护。《2005 年反窃取英雄荣誉法》由布什总统于 2006 年 12 月 20 日签署生效。法律规定，任何军事表彰或勋章的假冒行为都将被视为联邦轻罪，将被处以半年的监禁；如果所涉荣誉为荣誉勋章，则假冒者可能被处以一年左右的监禁。

（三）　美国勋章/奖章的设计与规范

就奖项的形制而言，美国的功勋荣誉主要包括：勋章（或奖章，medal）、徽章（或佩章，badge）、大奖章（medallion）、十字章（cross）、星章（star）、勋标（citation）、挂条（bar）、肩带（sash）、勋表（ribbon）、奖状（certificate）、证书（letter of appreciation）、称号（title）等，这些统称为表彰。其中，勋章/奖章在美国功勋荣誉制度中所占比重最大，用途也最为广泛。

就军事荣誉而言，勋章的具体形制与造型一般会随着军种的不同而有所区别。在很大程度上，这是由美国各大军种的逐步完善而造成的。例如，荣誉勋章为三军通用勋章，但各军种的勋章造型略有不同。其中，海军荣誉勋章是最早获得国会批准，并最先完成设计和铸造的，设计工作由费城铸币厂主持完成。海军荣誉勋章形为一个倒置的五角星，每个角的顶端镶有月桂叶和橡树叶，前者代表"胜利"，后者喻意"力量"。五角星的内环由34颗小星环绕组成，每颗星代表合众国的一个州，这与1862年美国国旗上的星数一致。内环上一左一右镶嵌了两幅图案，右边是手执斧头和盾牌的罗马智慧与战争女神米涅瓦，左边是一个手持毒蛇的男人，代表"不睦"。因此，海军勋章又被称作"米涅瓦击退不睦勋章"（Minerva Repulsing Discord）。从当时的背景看，美国正值内战期间，士兵和海员试图克服各州之间的龃龉，维护合众国的统一。显然，这样的设计有着很强的象征意义。目前，海军荣誉勋章的颁授范围包括海军、海岸警卫队和海军陆战队。陆军勋章是在海军勋章的基础上发展而来的，其基本形制为花环状铜五角星，周围雕有绿色珐琅质月桂环，五角星

图6　陆军（左）、海军（中）、空军（右）荣誉勋章

光芒呈绿色三叶图案，勋章的正中刻有"美利坚合众国"字样，内饰战争女神头像。勋章扣环为展翅飞翔的鹰形图案，环上刻有"英勇"字样，背面刻有"国会颁发"的字样及获奖者姓名。后来出现的空军勋章亦为花环状，但是用自由女神代替了此前的智慧女神。

模范服役十字勋章的情况也大抵如此。它最初属于陆军勋章，状为四片橡树叶组成的青铜章。在此基础上，后来又出现了相应的海军十字勋章和空军十字勋章，造型略有不同。海、陆、空三军的十字勋章均为铜质。其中，陆军勋章高2英寸，宽1.8英寸，勋章的中间为鹰形图案，其下刻有"英勇"字样。勋章的背面刻有获奖者的姓名，周围环绕着花冠。勋带宽1.4英寸，为蓝、白、红三色。海军勋章高2英寸，宽1.5英寸，四角之间刻有月桂图案，正中为一艘航行在海上的轮船。勋章的背面刻有锚和锚链的图案，中间印有"美国海军"字样。勋带为蓝、白两色，蓝色代表海军服务，白色代表纯洁与无私。空军勋章的正面雕有一只镀金白头鹰图案，展开一双云状的翅膀，周围环绕着绿色珐琅月桂树叶。

图7　陆军（左）、海军（中）、空军（右）十字勋章

勋章的背面是空白。空军勋章的勋带与陆军勋章相似，亦为蓝、白、红三色。

平民荣誉多采用统一的形制。例如，作为美国六大颈章之一，总统自由勋章的造型为一枚白色珐琅镶金边的五角星，下衬一枚红色五角星。勋章的正中心是一个绘有 13 颗金星的蓝色珐琅圆环，周围镶有五只展翅的金鹰。总统自由勋章的颈带为蓝色镶白条。除了颈章之外，勋章获得者同时还获颁一枚小型胸章，佩戴于左胸位置，胸章的勋带上缀有一只银色白头鹰。除总统自由勋章外，还有一个更高级别的杰出总统自由勋章（Presidential Medal of Freedom with Distinction）。杰出总统自由勋章既可以佩戴于获得者的左胸位置，也可以挂于脖颈上，其尺寸略大于标准版的自由勋章。此外，勋章获得者还将获颁一条蓝色大勋带，从右肩横跨至左胯位置，勋花位于勋带的左下方。

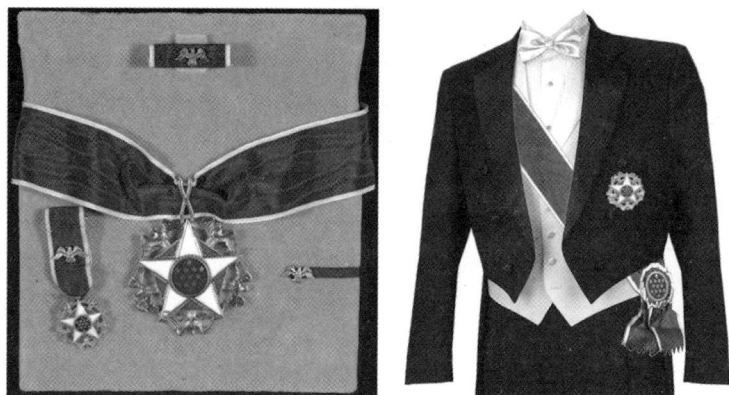

图 8 总统自由勋章（左）、杰出总统自由勋章（右）

国会金质奖章是美国不采取统一形制的少数平民荣誉之一。由于该奖章由美国铸币局依据获奖人的具体事迹铸造，因而奖章的式样各不相同。关于国会金质奖章的生产，美国并没有一成不变的制度性规定。视情况需要，国会一般会通过立法的形式随机进行奖章的个性化生产。此外，国会金质奖章是不能随意携带的，就是说，奖章不能被佩戴在制服或其他便服上，而只能作为奖品展示。在特殊情况下，国会金质奖章的获得者可以获准在制服上佩戴一枚小型金章，以示纪念。

图9　诺尔曼·鲍洛格博士（2006年）、塔斯克基飞行员（2006年）

（四）　美国功勋荣誉表彰相关法律法规

美国法典第10条"武装力量"部分中的A编（一般军事法）第57章①、B编（陆军）第357章②、C编（海军和海军陆战队）第567章③，以及D编（空军）第857章④均对军事表彰和奖项作出了详细的规定。根据A编第57章规定，美国国防部长负责审议各军事部门对其武装力量成员颁

① 详见美国法典第10条"武装力量"A编（一般军事法）第二部分（人事）第57章（表彰和奖项）第1121—1135小节。

② 详见美国法典第10条"武装力量"B编（陆军）第二部分（人事）第357章（表彰和奖项）第3741—3756小节。

③ 详见美国法典第10条"武装力量"C编（海军和海军陆战队）第二部分（人事）第567章（表彰和奖项）第6241—6258小节。

④ 详见美国法典第10条"武装力量"D编（空军）第二部分（人事）第857章（表彰和奖项）第8741—8756小节。

奖的政策、程序和流程。国防部部长应比对现役与预备役之间的不同颁授时限，包括：从推荐表彰的提交时间到表彰被批准的时间，以及从表彰被批准的时间到表彰被颁授的时间。如果现役成员与预备役成员的时间不一致，则应采取适当措施使二者保持一致。审议报告完成后，应分别提交至参议院的武装力量委员会和众议院的武装力量委员会，供其进一步讨论。就具体内容而言，A 编主要涉及伊拉克行动军事战争章、对冷战中表现突出的武装力量成员和政府员工的表彰、副总统服役徽章、人道主义服役章、国防部高级服役勋章、三军功绩章、紫心章、铜星章等表彰的一般原则和基本方法；B 编、C 编和 D 编详细地介绍了荣誉勋章、模范服役十字勋章、模范服役奖章、银星章等表彰的颁授细则和适用范围。此外，美国法典第 18 条第 704 章规定了针对军事荣誉的不法行为的惩处措施。

美国法典第 5 条"政府机构及职员"部分①对总统颁发的平民荣誉奖项作出了相关规定。根据该部分第 45 章第 4504 小节，杰出文职人员奖励理事会（Distinguished Civilian Service Awards Board）负责总统自由勋章的遴选工作，并向总统提名相应级别的候选人。理事会成员由来自政府行政部门和非行政部门的人员共同组成，其中须包括 5 名非行政部门成员，任期 5 年。理事会主席一般由总统选定，且须来自行政部门。人事管理局负责杰出联邦文职人员总统奖的评审工作。管理局局长对候选人的资质进行审核和遴选，并最终提名给总统，供其裁夺。

对于新设立的荣誉奖项，一般采取国会立法或总统签署

---

① 详见美国法典第 5 条"政府机构及职员"第三部分（职员）第 45 章（激励奖）。

行政令的形式。需要指出的是，无论是军事荣誉还是平民荣誉，都是随着历史的发展而不断完善的，历经不同政府的多项法案或行政令的修缮和改进。例如，总统自由勋章就经过杜鲁门总统、肯尼迪总统和卡特总统的三次扩充和修改，授奖范围已扩大到政治、经济、文学、医学、传媒、语言等多个领域，完全褪去了原有的军事色彩，成为比肩国会金质奖章的一大平民荣誉。目前，由国会颁发的荣誉奖项主要有：荣誉勋章、国会金质奖章、国会银质奖章、国会铜质奖章等。由总统颁发的荣誉奖项主要包括：总统自由勋章、总统公民奖章、公共安全人员勇气勋章、杰出联邦文职人员总统奖、国家科学奖、国家技术创新奖、国家人文奖、国家艺术奖等。

（五）　美国功勋荣誉表彰管理机构的设置和运行

1. 颁奖机构

（1）军事荣誉

美国军事荣誉的颁奖机构包括：国防部、陆军部、空军部、海军部等。其中，有些荣誉为三军通用奖章，如模范服役十字勋章、模范服役奖章、铜星章等。美国的最高军事荣誉——荣誉勋章由总统代表国会的名义颁发，但其评审及遴选环节则由各个部委具体把关负责。

国防部颁发的主要荣誉有：国防部功勋服役勋章（Defense Meritorious Service Medal）、国防部高级服役勋章（Defense Superior Service Medal）、国防部杰出公共服务奖章（Department of Defense Medal for Distinguished Public Service）、国防部长捍卫自由勋章（Secretary of Defense Medal for the Defense of Freedom）、国防部长全球反恐战争勋章（Secretary of Defense Medal for the Global War on Terrorism）、国防部长勇气

勋章（Secretary of Defense Medal for Valor）等。

陆军部颁发的荣誉包括：荣誉勋章（Medal of Honor）、陆军模范服役十字勋章（Distinguished Service Cross）、陆军模范服役奖章（Distinguished Service Medal）、铜星章（Bronze Star Medal）、士兵勋章（Soldier's Medal）、陆军服役勋表（Army Service Ribbon）、陆军军纪优良勋章（Good Conduct Medal）、陆军集体高级奖（Superior Unit Award）等。

空军部颁发的荣誉包括：荣誉勋章（Medal of Honor）、空军模范服役十字勋章（Air Force Distinguished Service Cross）、空军集体突出奖（Air Force Outstanding Unit Award）、空军训练勋表（Air Force Training Ribbon）、军纪优良勋章（Good Conduct Medal）、铜星章（Bronze Star Medal）、空军长久服役奖（Air Force Longevity Service Award）、飞行员勋章（Airman's Medal）、年度杰出飞行员勋表（Outstanding Airman of the Year Ribbon）、航空航天作战勋章（Air and Space Campaign Medal）、空军模范服役奖章（Air Force Distinguished Service Medal）、核威慑行动服役勋章（Nuclear Deterrence Operations Service Medal）等。

海军部颁发的荣誉有：荣誉勋章（Medal of Honor）、海军模范服役奖章（Distinguished Service Medal）、铜星章（Bronze Star Medal）、海军十字勋章（Navy Cross）、海军远征勋章（Navy Expeditionary Medal）、海军军纪优良勋章（Good Conduct Medal）、海军北极服役勋表（Navy Arctic Service Ribbon）等。海岸警卫队和海军陆战队的荣誉奖项大体与海军部一致。

此外，美国还有一种由联合国、北约等国际组织针对美军参与某项国际军事行动而颁发的国际奖项，这些奖项大多属于服役奖范畴。这类国际组织通常包括：联合国、北约、多国观察员部队、泛美防务委员会、欧洲安全和合作组织、欧盟共同安全与防务政策等。

除美国政府之外，其他国家的政府也可以向美国军队颁发一些荣誉奖项，统称为"外国军事服役奖"。目前，这些国家和地区主要有：阿根廷、澳大利亚、奥地利、巴林、比利时、玻利维亚、巴西、保加利亚、加拿大、智利、哥伦比亚、克罗地亚、捷克、丹麦、厄瓜多尔、埃及、萨尔瓦多、爱沙尼亚、法国、德国、希腊、危地马拉、海地、洪都拉斯、匈牙利、冰岛、伊拉克、以色列、意大利、日本、科威特、立陶宛、卢森堡、墨西哥、黑山、摩洛哥、荷兰、尼加拉瓜、挪威、巴基斯坦、巴拿马、巴拉圭、秘鲁、菲律宾、波兰、葡萄牙、韩国、越南、罗马尼亚、沙特阿拉伯、新加坡、斯洛伐克、俄罗斯、西班牙、瑞典、泰国、突尼斯、阿联酋、英国、乌拉圭、梵蒂冈等。按照惯例，这类奖项的排列次序应位于美国奖项和国际奖项之后。

（2）平民荣誉

平民荣誉主要指美国总统、国会或政府部门针对平民所颁发的那些荣誉奖项。这些政府部门包括：国务院、情报部门、农业部、商务部、国防部、教育部、能源部、国土安全部、卫生与公众服务部、司法部、交通部、财政部等。

国会颁发的荣誉包括：国会金质奖章（Congressional Gold Medal）、国会银质奖章（Congressional Silver Medal）、国会铜质奖章（Congressional Bronze Medal）、国会金质奖状（Congressional Gold Certificate）、国会银质奖状（Congressional Silver Certificate）、国会铜质奖状（Congressional Bronze Certificate）、国会青年奖章（Congressional Award for Youth）、国会月度表彰奖（Congressional Award Month Guide）等。

总统颁发的荣誉包括：杰出总统自由勋章（Presidential

Medal of Freedom with Distinction)、总统自由勋章（Presidential Medal of Freedom）、总统公民奖章（Presidential Citizens Medal）、公共安全人员勇气勋章（Public Safety Officer Medal of Valor）、杰出联邦文职人员总统奖（President's Award for Distinguished Federal Civilian Service）、国家艺术奖（National Medal of Arts）、国家人文奖（National Humanities Medal）、国家科学奖（National Medal of Science）、国家技术创新奖（National Medal of Technology and Innovation）、优秀数学和科学教学总统奖（Presidential Award for Excellence in Mathematics and Science Teaching）、杰出科学家和工程师总统奖（Presidential Early Career Award for Scientists and Engineers，PECASE）、联邦能源管理总统领导奖（Presidential Award for Leadership in Federal Energy Management）、捍卫美国利益总统奖（Preserve America Presidential Award）、环境青年总统奖（President's Environmental Youth Award）、志愿者服务总统奖（President's Volunteer Service Award，PVSA）等。

国务院颁发的荣誉奖项大致可以分为四类：荣誉奖（honor awards）、成就奖（achievement awards）、服务奖（service awards）和肯定奖（recognition awards），授奖对象主要包括对国务院使命作出重大贡献的个人或团体。还有一些其他的奖项已经停授，但是仍然会不定期颁发相关奖状、绶带或奖章。关于国务院奖项的评奖标准，详见国务院外事手册（*Foreign Affairs Manual*，3 FAM 4820）。

国家情报奖项目的管理由美国国家情报总监办公室负责，主要奖项包括：国家情报十字勋章（National Intelligence Cross）、国家情报勇气勋章（National Intelligence Medal for Valor）、国家情报优异服役勋章（National Intelligence Distinguished Service Medal）、国家情报高级服役勋章（National Intelligence Superior Service Medal）、国家情报杰出成就奖章（National Intelligence Exceptional Achievement Medal）、伽利略奖（Galileo Award）等。

此外，农业部、商务部、能源部、国土安全部、司法部、交通部、财政部、国家标志与技术研究院、国家海洋和大气管理局、教育部、NASA 等十多个部委也都有各自的功勋荣誉体系，包括勋章、奖章、奖状、荣誉称号等。

2. 日常运作及管理

如前所述，美国最高军事荣誉——荣誉勋章由总统代表国会的名义颁发，但其具体评审及遴选环节则由各个部委负责把关。以陆军荣誉勋章为例，美国陆军奖项和表彰部（Army Awards and Decorations Branch）负责接受荣誉勋章的提名工作，陆军表彰委员会（Army Decorations Board）负责奖项的审议，并以无记名方式将人选推荐给高级表彰委员会（Senior Decorations Board），后者再以无记名方式推举出荣誉勋章被提名者。陆军助理部长人力资源与后备事务办公室（Office of the Assistant Secretary of the Army for Manpower and Reserve Affairs）在对被提名者的英勇事迹进行严格的审议后，再交由陆军高级领导层（包括陆军参谋部主任、陆军副参谋长和陆军参谋长）供其审阅。与此同时，陆军军史研究中心（Center of Military History）须对被提名者的事迹进行历史审议，然后交由陆军参谋长批准，最后由陆军部长向国防部部长办公室上报拟提名人选。

（1）荣誉勋章的推荐与评审

荣誉勋章的评审过程十分严格。关于荣誉勋章的推荐和评选，各军事部委的做法却不尽相同。根据美国法律规定，各个部委有权建立适用于本部委的一套评审机制，但是各部委之间大同小异，彼此具有参照意义。一般而言，要耗时一年半左右的时间。下面简要介绍一下荣誉勋章的推荐和评审流程。

首先，各部部长应建立一套荣誉勋章的推荐程序。推荐程序至少应包括作战司令及参谋长的批准。

其次，除上述批准之外，荣誉勋章的推荐事宜还需得到所在部委的批准，然后提交给国防部人事战备副部长，人事战备副部长再提交给参谋长联席会议主席（CJCS）批准，最后才提交给国防部部长。

最后，荣誉勋章的推荐工作一般具有时效性：陆军（美国法典 10 条第 3744 节）和空军（美国法典 10 条第 8744 小节）荣誉勋章的推荐工作须在相关事迹发生 2 年内进行，授予工作在相关事迹发生 3 年内进行；海军和海岸警卫队（美国法典第 10 条第 6248 节）荣誉勋章的推荐须在 3 年内进行，授予在 5 年内进行；对此前未能及时颁授的勋章（美国法典第 10 条第 1130 节），国会议员可不受以上时效限制提出授奖建议，这一规定适用于美国各大军种。

需要指出的是，美国总统在荣誉勋章候选人的提名和遴选上没有很大的控制权，而仅仅在授奖的最后阶段才会介入，其在否决候选人和授奖时间方面享有最终决定权。

（2）荣誉勋章的颁授

荣誉勋章由美国总统颁发。审议中的荣誉勋章受《信息自由法》（Freedom of Information Act）保护，所有相关事宜包括推荐、处理、批准、否决等均不得提前对外披露，因为这将会给被提名者和联邦政府带来潜在的尴尬；即使在推荐获批的情况下，信息的提前泄露也将会降低颁奖典礼的轰动效应。因此，公众不得对审议中的荣誉勋章进行评论。相应地，勋章推荐的相关处理也只能建立在"仅供官方使用"的基础上，直至奖项被正式宣布或颁发。

根据美国法典第36条规定，荣誉勋章的日常事宜由专门成立的荣誉勋章协会负责打理。该协会位于哥伦比亚特区，于1958年通过国会立法成立，是一个永久性联邦特许机构。荣誉勋章理事会是协会的管理机构，它至少须由9名理事组成。理事会的具体职责包括：①协助所有荣誉勋章获得者彼此建立同志般的友谊；②在任何时间、任意场合保护、弘扬和维护荣誉勋章的尊严和荣誉；③保护荣誉勋章的名字及其获奖者免遭滥用；④向所有获奖者及其遗孀或子女提供适当帮助；⑤在和平时代（如同在战时一样）服务于国家；⑥激励年轻人成为对国家有用的公民；⑦培养和维系美国主义。

荣誉勋章的颁奖典礼一般在白宫举行，具体程序如下：在军乐队嘹亮的伴奏声中，身着正装的嘉宾们陆续抵达白宫东厅，并在观众席上就座。嘉宾们包括获奖者及其家人、授奖官员等。首先举行授旗仪式，仪仗队携美国国旗和蓝星旗（有时还包括获奖者所在番号的军旗）列队上场。授旗期间，所有人均要起立，普通人行注目礼，军人敬礼。随后，发言者（一般是总统、国防部部长或高级将领）发表主旨演讲，并公布获奖者的名字及所获勋章的勋标内容。获奖者应着绿色制服，携配偶和孩子一起登台领奖。颁奖者一般为军方人士，他将荣誉勋章（颈章）挂于获奖者的脖颈上，并后退一步向获奖者敬礼致意。荣誉勋章是美国唯一一个高级将领向低级军人致敬的荣誉。有时，获奖者会被要求发表一些获奖感言。最后，在军乐队的伴奏声中，仪仗队列兵行进，接受观众检阅。典礼结束。

（3）国会金质奖章的评审与颁授

国会金质奖章的评审标准十分严格。根据美国法律规定，必须由参议院至少2/3的议员联合提名才能成为奖章候选人，然后在众议院获得至少 2/3 的议员支持，再分别交由各自所属的两大特别委员会（众议院金融服务委员会，以及参议院银行、住房和城市事务委员会）讨论，最后提交给美国总统签署法案，才有资格获得国会金质奖章。法案生效后，美国造币厂将会同议案推动者及获奖者的家庭成员，共同协商奖章的具体设计方案。在经过几轮协商后，由财政部部长敲定最终的设计方案。国会金质奖章的提名和讨论过程旷日持久，通常要花费数月甚至数年的时间。关于国会金质奖章的生产，美国并没有一成不变的规定。视情况需要，国会会通过立法的形式随机进行奖章的个性化生产。根据"2005 年国会金质奖章改进法案"，财政部部长在每个日历年不得打造超过两枚奖章。

国会金质奖章的颁授工作提前几个月就开始准备了。由于相关立法牵涉两院和两党，因此相关准备通常需要多个部门的参与和协调。颁奖典礼由众议院和参议院主导设计，同时，纠仪长办公室（Office of the Sergeant-at-Arms）、国会大厦建筑师办公室（Architect of the Capitol）、行政办公室（Chief Administrative Office）、众议院执事（Clerk of the House）等部门也积极参与其中。国会金质奖章的颁奖典礼一般在美国首都华盛顿国会山的解放大厅举行。

（4）总统自由勋章的评审与颁授

总统自由勋章的日常管理及评选工作由杰出文职人员奖励理事会（Distinguished Civilian Service Awards Board）负责。该理事会于 1957 年根据艾森豪威尔总统的第 10717 号行政令设立，其最初职责是向总统举荐杰出联邦文职人员总统奖的候补人选，后来在肯尼迪总统的主持下，其职责范围有所扩大，同时开始负责总统自由勋章的遴选与举荐工作。根据肯尼迪总统 1963 年签署的第 11085 号行政令，理事会成员由来自政府行政部门和非行政部门的人员共同组成，其中必须包括 5 名非行政部门成员，任期为 5 年。理事会主席一般由总统指定，且必须来自行政部门。理事会在对总统自由勋章相应级别的候选人（总统自由勋章或杰出总统自由勋章）进行审议和遴选后，最后将名单提交给总统，供其裁夺。

需要指出的是，总统也可以不受举荐的约束，自行提名总统自由勋章的候补人选。人选确定以后，一般会在每年的国庆节（7 月 4 日）前后进行授勋，也可以根据具体情况由总统另选时日。总统自由勋章可以重复颁发，也可以追授。勋章获得者中包括多任美国总统和第一夫人，如肯尼迪总统、约翰逊总统及其夫人、福特总统及其夫人、卡特总统及其夫人、里根总统及其夫人等。

一般认为，国会金质奖章在级别和声望上是与总统自由勋章齐名的，但实际上，由于其不定期性，国会金质奖章的生产与颁发数量要远远少于总统自由勋章。两者之间的另一个重要区别是，总统自由勋章由总统本人颁发，而国会金质奖章则是通过国会法案的形式颁发的，在少数情况下，国会也可以授权总统进行颁发。

（六）特点与启示

1. 美国国家荣誉的发展特点及趋势
（1）军事荣誉的非军事化发展

考察美国荣誉表彰制度的历史与发展，可以发现，美国的国家荣誉奖项带有极其浓厚的军事色彩。可以说，军事荣誉是美国历史上出现得最早，也是发展最完备的荣誉制度，它见证了美国整个国家历史的演进和发展。事实上，正是在军事荣誉的基础之上，美国的许多平民荣誉才最终得以发展起来。前文提到，第二次世界大战以后，尽管美国在较长时间内奉行冷战思维，却在客观上营造了一个相对和平稳定的国内环境，从而为平民荣誉的发展提供了绝佳的契机。在这种形势下，很多军事荣誉经过调整或修改，不断拓展自身的授奖范围，有的甚至完全演化成为平民性的荣誉。美国目前级别最高的两大平民荣誉——总统自由勋章和国会金质奖章——正是这种时代背景下的产物。

（2）不分等级，注重对普通士兵和民众的表彰

美国的国家荣誉从诞生之日起，就十分注重对普通士兵的表彰，这一点与欧洲的做法迥然不同。欧洲自古有授予"骑士封号"（Orders of Chivalry）的传统，封号名目繁多，不胜枚举，但是一般为权贵阶层或高级将领所有，对大多数普通士兵而言，更常见的表彰是获得物质奖励或晋升机会，获得封号近乎一种奢望。前文指出，美国早期军事荣誉的产生有着特定的历史背景，即独立战争时期。在美英战争形势严峻的背景下，乔治·华盛顿敏锐地认识到了普通士兵对战争的巨大推动作用，并着手设置了两大军事荣誉——"荣誉杰出徽章"和"军事功绩徽章"，以表彰将士们在服役和战争期间取得的"个人功绩"。如其所述，"在爱国的军队和自由的国度里，荣誉之路对所有人都是敞开的"。① 无疑，华盛顿的做法可谓开了表彰普通士兵的先河，大大提振了美国人的士气，为扭转战争颓势，并最终赢得独立战争创造了有利的条件。目前，三军功绩章是美国唯一分设等级的奖章，它包括司令官、司令、军官和士兵四个级别。

（3）多元化和国际化倾向

在美国，无论是军事荣誉还是平民荣誉，都是随着历史

---

① http://www.revolutionarywararchives.org/medalsandawards.html.

的发展而不断完善的，授奖领域及对象日益扩大，呈多元化趋势。上文提到的第二次世界大战以来军事荣誉的非军事化发展即为典型一例。此外，自 20 世纪 70 年代开始，冷战形势趋于缓和，美国国内外局势发生了巨大的变化。有鉴于此，美国增设了若干以人道主义、自由为名义的奖项，如人道主义服役章（Humanitarian Service Medal）、平民人道主义服役奖（Civilian Award for Humanitarian Service）、自由勋章（Medal of Liberty）等。2001 年"9·11"事件发生后，反恐逐渐成为美国国家安全和对外政策的重心。为了配合其在全球发动的反恐战争，自 2003 年起，美国显著增设了一系列反恐方面的奖项，如全球反恐战争远征章（Global War on Terrorism Expeditionary Medal）、全球反恐战争服役章（Global War on Terrorism Service Medal）、全球反恐战争非军事服役章（Global War on Terrorism Civilian Service Medal）、阿富汗战争章（Afghanistan Campaign Medal）、伊拉克战争章（Iraq Campaign Medal）、公共安全人员勇气勋章（Public Safety Officer Medal of Valor）、"9·11"英雄勇气勋章（9·11 Heroes Medal of Valor）等。

近年来，美国荣誉奖项的设置与颁发还呈现出明显的国际化趋势。这表现在，奖项的授奖对象大多不限于美国公民，而是面向全世界。这些奖项中不乏最高级别的军事荣誉和平民荣誉。例如，在荣誉勋章的获得者中，就有 61 名加拿大人。根据荣誉勋章的有关规定，任何人，不论其国籍如何，只要在美军中服役过并作出杰出事迹的，都有机会获此殊荣。国会金质奖章的获得者包括印度特雷莎修女、南非前总统曼德拉等。2003 年，美国国会通过决议，决定授予时任英国首相布莱尔以国会金质奖章，以表彰他在伊拉克战争中对美国给予的帮助。然而由于害怕背负

"布什哈巴狗"的骂名，布莱尔一直没有接受这枚奖章。2007 年，美国还曾向叛逃的达赖喇嘛颁发过国会金质奖章，此举受到中国政府的强烈抗议。

2. 相关政策建议

（1）与时俱进，注重对历史荣誉的激活

纵览美国荣誉表彰制度的演进过程，我们可以发现，很多荣誉奖项是针对获奖者的某次具体的战斗或英雄事迹而诞生的，因而在很大意义上不具有可持续性。然而，随着时代的发展，美国常常会根据国内外形势的变化，通过恢复、重设或修改的形式，重新激活相关的荣誉奖项。这样做的好处是显而易见的，既可以节约大量的设计和铸造成本，又能大大减少烦琐的评审和立法过程。例如，美国大名鼎鼎的紫心章的前身是独立战争期间颁发的军事功绩徽章，它于 1782 年8 月 7 日由乔治·华盛顿将军在纽约州的纽堡市设立。当时只有三人被授予这一奖项，而且只有两份保存至今。1932 年 2月 22 日，为了纪念华盛顿 200 周年诞辰，美国政府下令将其更名为紫心章。最初的紫心章只是一块用织物制成的紫色心形佩饰。重设后的紫心章由青铜制成，形状和颜色均与此前的标志相同。

中国古代历史上拥有种类繁多、形式多样的荣誉褒奖制度，如社会功勋、爵禄、赐姓、旌表等，它们多以朝廷或皇帝的名义设立和颁发，其目的是对臣民进行道德教化，最终实现维护和巩固封建王朝的统治。当前，虽然我们所处的社会时代背景发生了巨大变化，但是历史上的一些荣誉奖项仍然对我们有着重要的借鉴意义。如何激活并赋予这些历史荣誉以新的生命力，是现阶段我们面临的一个重要课题。

（2）建立专门的表彰部门

美国的荣誉奖项虽然主要由国会或总统颁发，但是并没有统一的表彰部门，这导致评审机构繁多，且一个评审机构可能只负责某一个奖项的遴选与推荐工作，不利于整体工作的统筹与协调。有鉴于此，可以考虑建立一个专门的荣誉表彰部门，该部门可对不同荣誉奖项的颁奖时间、颁奖地点、颁奖流程、颁奖机构、佩戴标准等作出细致的规定，统筹安排各大荣誉奖项的颁发工作。

（3）**将国家荣誉写入宪法，彰显其神圣性和不可冒犯性**

在美国，国家荣誉奖项通常采取国会立法或总统行政令的形式产生，然后再以法律的形式固化下来，以凸显荣誉的神圣性和不可冒犯性。同时，法律还规定，对于非法拥有、制作、买卖、冒充或盗用国家荣誉的，都将受到法律的严厉制裁。2006 年 12 月 20 日起最新实施的 "2005 年反窃取英雄荣誉法"（Stolen Valor Act of 2005）在原有法律的基础上，进一步加强了对荣誉奖项的法律保护。在这方面，中国的荣誉奖项可以充分借鉴美国的做法，将重要国家荣誉奖项写入宪法，对这些荣誉及其获奖者提供严格的法律保护。

（4）**精神荣誉与物质奖励相互结合**

大体上，美国的国家荣誉制度比较重视精神激励，而轻视物质奖励。例如，国家科学奖和国家技术奖堪称美国科学技术界的 "诺贝尔奖"，却都不设奖金，只颁发一枚奖章，以表彰科学技术人员在各自领域所作出的贡献。然而，从整体而言，若无实利作为支撑，社会对荣誉的关注和推崇将很难长久维持。正因为如此，中国古代习惯于将精神荣誉与物质奖励结合起来，正所谓 "先诱之以利，方能道之以德，齐之以礼"，从而最终实现荣誉的价值。在新的历史条件下，要将荣誉称号与物质奖励有机地结合起来，使其既能够彰显获奖者的自身价值，又能养成全社会见贤思齐、积极进取的良好社会风气。

（王文娥　执笔）

三　德国功勋荣誉表彰制度研究

（一）德国功勋荣誉表彰制度概况

德国的国家功勋荣誉表彰制度始于魏玛共和国时期（1919—1933 年），之后在纳粹统治时期获得了蓬勃发展。纳粹德国政府（1933—1945 年）设立和颁授了大量的勋章和奖章，分为非军事类和军事类两大类别。其中军事类勋章种类繁多，几乎覆盖了陆、海、空三军的所有兵种，其中最著名的莫过于铁十字勋章。纳粹政府设立和颁授勋奖章可以说达到了一种泛滥的程度，严重损害了德国国家荣誉的形象。以铁十字勋章为例，铁十字勋章设立于第一次世界大战期间，是德国历史上第一个可以授予所有军官、下士和士兵的勋章，破除了以往按军衔授予勋章的传统，改变了以往勋章的身份属性和等级属性，使之成为对有功绩之人的奖励，可以说是现代功勋荣誉制度的雏形。然而第二次世界大战后，铁十字勋章往往与纳粹联系在一起。因此，第二次世界大战结束后，德国占领区的统治政府开始对勋章荣誉制度进行严格的管理和限制。联邦德国沿袭了德意志历史上荣誉制度的传统，设立的不少勋章、奖章具有悠久的历史传统，而民主德国则更多地借鉴苏联的荣誉制度，设立了多项行业性勋（奖）章。1990 年德国统一之后，联邦德国的荣誉制度继续保留，并适用于整个德国。

为了避免重蹈纳粹政府的覆辙，目前德国功勋荣誉表彰制度的结构十分精简，国家级的勋章和奖章主要分联邦总统颁授、许可和承认三大类共十几种，各州政府设立的勋章和奖章一般也都不超过十种，主要有各州功绩勋章、消防勋章、救援勋章等。

总统颁授的勋章和奖章包括德意志联邦共和国勋章（又称联邦十字勋章）、矿山救援奖章、银质月桂叶奖章和残疾人运动银质奖章。其中，德意志联邦共和国勋章是德国唯一的综合性勋章，同时也是德国最高级别的勋章，授予对象包括在各个领域对德国重建及德意志联邦共和国作出特殊贡献的德国人和外国人。后三种奖章则是秉承德意志的历史传统，体现了对公益事业和体育运动的推崇。

联邦总统许可颁发的勋章和奖章包括两类。一类是1949年德意志联邦共和国成立以前德国历史上设立的奖项，建国后被总统予以认可，继续颁授，例如科学与艺术功勋勋章和圣约翰骑士奖章。这两个奖章均起源于早期的教会组织，经过多次的历史演变，最终成为如今的社会团体内部奖励。另一类是国家部委或机构在联邦总统颁发许可令许可的前提下设立和颁发的奖项，包括德意志红十字奖章、德意志消防十字奖章、德意志船难救生协会海难救生奖章、德意志交通管理奖章、德意志技术救援奖章、歌德奖章、联邦国防军奖章、2002年抗洪奖章。在德意志的历史上，除了战争期间的军事类奖章，一直传承不断的就是各种救援类奖章，历史上的各个邦国均设立了类似的奖章，因此德意志共和国成立后仍然延续了这一传统，设立了上述多项救援类奖章。此外，1980年11月6日联邦国防部设立了联邦国防奖章，是专门针对军队设立的奖章，以表彰服役期间表现优异、对国家忠诚的优秀军人。

国家承认的徽章是指历史上由公益团体设立，后来被联邦总统认可为国家级别的徽章，包括德意志体育徽章、德意志救生协会水上救生游泳徽章、德意志红十字会水上救生游泳徽章。严格来说，这类徽章并不具有奖励的意义，而是对获奖者某些技能的认可。

（二）德国勋章/奖章管理细则

1. 勋章/奖章的佩戴方式

1957 年联邦议院颁布了《头衔、勋章、奖章法》，对德国功勋荣誉制度进行管理。德国所有勋（奖）章的设立法令上都明确标明了佩戴方式，除此之外，《头衔、勋章、奖章法》还规定了同时佩戴多个勋（奖）章时的顺序。德国勋（奖）章的佩戴方式主要延续历史上军事勋章的佩戴方式，一般按照级别从高到低分为大绶、项绶和胸绶。德意志联邦共和国勋章就完全沿用这种方式。德意志联邦共和国勋章共分为四大等级、八个小等级，由高到低依次为大十字勋章（特级大十字勋章、大十字勋章）、大十字功绩勋章（大十字带星和跨肩绶带功绩勋章、大十字带星功绩勋章、大十字功绩勋章）、十字功绩勋章（一级十字功绩勋章、带绶带十字功绩勋章）和功绩奖章。其中，最高级别的大十字勋章（特级大十字勋章、大十字勋章）、大十字功绩勋章中的带星和胯肩绶带功绩勋章均为大绶，佩戴时从右肩膀斜拷至左髋。大十字勋章还配有六角星形金质徽章，应当佩戴于左前胸。第二大等级中的大十字带星功绩勋章和大十字功绩勋章为项绶，挂脖佩戴，该勋章同时配有四角星形金质徽章，应佩戴于左前胸。女式的佩戴方式略有不同，为领结式。第三大和第四大等级的十字功绩勋章和功绩奖章均为胸绶，佩戴在左前胸。具体佩戴方式见图10。

　　除了联邦十字勋章以外，只有圣约翰骑士奖章为项绶，其余勋章均为胸绶，如矿山救援奖章、残疾人运动银质奖章、德意志红十字奖章、德意志交通管理奖章、歌德奖章和德意志技术救援奖章。

大绶　　　　　　　　　　　　项绶

胸绶　　　　　　　　　　　　领结式

图10　德国勋章/奖章的佩戴方式

　　根据《头衔、勋章、奖章法》规定，同时佩戴多个勋（奖）章需要使用勋章扣带，按照以下顺序从右到左依次佩戴：德意志联邦共和国勋章、救援类奖章、1914 年铁十字勋章、1939 年铁十字勋章、第一次世界大战期间功绩勋章（按授予时间）、第一次世界大战荣誉十字勋章、1939 年战争功绩十字勋章、第二次世界大战期间特殊功绩勋章（按授予时间）、其他荣誉勋章（按授予时间）、国家承认的荣誉勋章（按授予时间）、国外授予的荣誉勋章（按级别）。

2. 功勋荣誉表彰的法律生效及相关待遇

勋章和奖章只能由联邦总统或在其许可的前提下设立和授予。设立公告和授予情况都需在《联邦法律公报》上进行公示。在联邦总统认可的前提下，体育奖牌可以作为联邦级奖章。德国的荣誉勋章注重精神意义和榜样作用，而不注重物质奖励。历史上的少数军事勋章（如第一次世界大战战争奖章）获得者曾经可以享受津贴，但额度不高，每月仅 50 马克。除此之外，其他的勋奖章获得者，包括联邦十字勋章获得者均不享受津贴补助。

3. 功勋荣誉表彰的撤销与勋章/奖章的撤回

如果获奖者的行为尤其是犯罪行为有辱其所获得的头衔或荣誉，授奖者/机构可以取消其头衔或荣誉，并收回授予证书。获奖者如果对取消头衔和荣誉及收回授予证书有异议，可以根据行政法提起诉讼。如果是联邦总统授意的，则起诉对象为内政部部长。

获奖者有以下情况，将被撤销荣誉称号和撤回勋奖章：因犯罪行为被判监禁一年以上；蓄意犯破坏和平、制造内乱、危害民主法治国家、背叛国家或危害外部安全等罪行被判监禁 6 个月以上；被开除公职。在以上情况中，如果当事人在 1945 年 5 月 8 日以后被授予头衔、勋章或奖章，一旦判决成立，司法追究机构或司法执行机构应通告判决结果。

4. 滥用功勋荣誉表彰的惩处措施

法律规定国家功勋荣誉表彰不得滥用。滥用的情况主要包括：佩戴未经法律许可的国内外勋章、奖章、绶带及其缩微版；在公共场合佩戴法律规定的合法勋章、奖章及其绶带。所谓的合法勋奖章主要包括历史上邦国、帝国（纳粹政府除外）的最高统治者和德国统一后联邦总统许可授予的勋奖章，其中第一次世界大战和第二次世界大战期间颁发的战争勋奖章由联邦总统规定其合法性，且佩戴时不得带有纳粹标志。此外，法律还规定，不得向私人出售、制造勋章、奖章及其绶带，不得制造带有纳粹标志的勋章、奖章。对于滥用勋奖章以及有以上违法行为者，按法律规定处以罚款，并没收违法行为中涉及的相关物品。

（三）德国勋章/奖章的设计与规范

德意志联邦共和国勋章多为十字形，因此也被称作联邦十字勋章。十字的标志最初源于条顿骑士团的手持十字架，1870 年后成为德国三军的通用标志，也是德国多个勋奖章的设计要素，联邦十字勋章也延续了这一传统。勋章主体均为红色珐琅质镶金边十字，中间镶黑色德国鹰标，勋章的绶带为红色，镶黑金边。

1. 大十字勋章

大十字勋章直径 70 毫米，正反两面一样。配有宽 100 毫米的绶带，绶带上绣有联邦鹰标。另配有一枚直径 80 毫米的六角星形金质徽章，上面镶有该勋章的图案。特级大十字勋章配有一个稍大一点的八角星形金质徽章。女式大十字勋章和特级大十字勋章比男式的略小，直径为60毫米，绶带宽60毫米。星形徽章与男式的一样。

到目前为止，大十字勋章主要授予德国和其他国家的政府成员、外交官、政治家和科学家。其中特级大十字勋章按照国际惯例一直授予国家元首。联邦总统在特定场合需佩戴特级大十字勋章，退休后可继续佩戴。

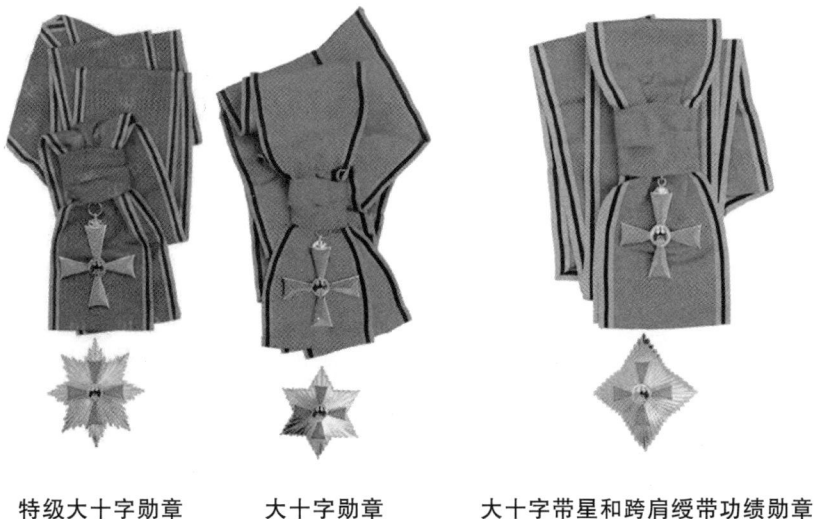

特级大十字勋章　　　　大十字勋章　　　大十字带星和跨肩绶带功绩勋章

图11　大十字勋章

2. 大十字功绩勋章

大十字带星功绩勋章和跨肩绶带功绩勋章的绶带和大十字勋章一样，宽100毫米，绶带上没有绣联邦鹰标。配有四角星形金质徽章，直径为85毫米。女式的绶带宽60毫米。联邦宪法法院多任法官曾获该勋章。

大十字带星功绩勋章比大十字勋章略小，直径为60毫米，配有44毫米宽的绶带。配有一枚直径为80毫米四角星形金质徽章，上镶直径为 45 毫米的该勋章的图案。女式和男式的完全相同，但绶带宽 40 毫米。

大十字带星功绩勋章（男式）　　　大十字带星功绩勋章（女式）

图 12　大十字带星功绩勋章

大十字功绩勋章和大十字带星功绩勋章完全一样，但没有配徽章。

大十字功绩勋章（男式）　　　大十字功绩勋章（女式）

图 13　大十字功绩勋章

3. 十字功绩勋章

一级十字功绩勋章与带绶带十字功绩勋章大小一样，直径均为55毫米。区别在于一级功绩勋章背面平滑，带有别针，带绶带十字功绩勋章配有30毫米宽的绶带。女式一级十字功绩勋章与带绶带十字功绩勋章大小也一样，直径为47毫米。

一级十字功绩勋章（男式）　　　　　一级十字功绩勋章（女式）

4. 功绩奖章

功绩奖章为圆形金色，直径38毫米，上嵌十字，边上雕有月桂花环，背面刻有"Für Verdienste um die Bundesrepublik Deutschland"（奖给德意志联邦共和国突出贡献者）的字样。绶带宽30毫米。

带绶带十字功绩勋章（男式）　　　带绶带十字功绩勋章（女式）

图 14　十字功绩勋章

图 15　功绩奖章

（四）　德国功勋荣誉表彰相关法律法规

德国现行的功勋荣誉制度主要由 1957 年 7 月 26 日联邦议院颁布的《头衔、勋章、奖章法》进行约束，该法令共 6 条 19 款，对德国头衔、勋章、奖章的授予原则，该法令发布前颁授的勋章的处理，勋奖章的佩戴方式和顺序，勋奖章的收回与取消等作了详细规定，奠定了德国功勋荣誉制度的法律基础。

除此之外，每一种勋章或奖章都有相应的设立法令或颁授细则，例如《德意志联邦共和国勋章细则》《矿山救援勋章设立法令》《银质月桂叶奖章设立法令》《残疾人运动奖章设立法令》等，对各种勋章和奖章的设立者、颁授者、颁授对象、颁授条件、造型、佩戴方式等作了详细的补充规定。

（五）　德国功勋荣誉表彰管理机构的设置和运行

德国联邦功勋荣誉表彰的设立、批准和许可均属于总统的职权范围，因此功勋荣誉制度的管理机构设在总统府，设于"国内事务部"之下，被称为功勋处（Ordenskanzlei）。

功勋处的主要任务包括：审核勋章候选人资格，确定候选人的推选是否存在裙带关系；委托专门公司进行勋章的制造；出具勋章颁发证书；举办部分勋章颁授仪式；发布部分勋章的颁授公告；制作勋章获得者名单；根据法律要求撤回、取消勋章；等等。

1966 年 12 月 22 日出台的《德意志联邦共和国勋章颁授细则》规定：首先，任何人可以以任何方式提名他人（自我提名无效）为德意志联邦共和国勋章候选人。根据被提名者的不同情况主要可以通过以下几个途径进行提名：最直接的方式是向被提名者住址所在州的总理办公厅提交提案；如果被提名者住在国外或者是其他国家的公民，则应当向外交部提交提案；如果提名联邦最高行政机构（如联邦内政部或国防部）的工作人员，则应向其最高主管提出提案。

其次，所有提案都要受到相关部门的严格审查。在审查结束后，如果拥有建议权者认为提名合理，再将提案材料呈交联邦总统府功勋处。这里所说的拥有建议权者是指有权向联邦总统提交提名建议的人，包括各州州长、柏林市在任市长、不来梅市州和汉堡市州参议院主席、外交部部长、负责相关领域工作的联邦参议院主席、最高联邦机构的主管和联邦议院主席。

最后，所有提案由联邦总统亲自审核和批准，并专门发布由联邦总统、内政部部长和外交部长联合签署（大十字带星功绩勋章以上还要有总理的副署）的勋章授予公告。通常由各州州长、联邦部长或州部长、州参议院或市长为获奖者颁发勋章，只有少数情况由联邦总统亲自颁发。大部分德意志联邦共和国勋章是在德国统一日和"国际志愿者日"授予的。

（六）特点与启示

根据德国的特点，特对中国国家功勋荣誉表彰制度的构建提出以下政策建议。

第一，跟踪制度建设过程，充分调研，以完善立法和相关管理条例，规范对功勋荣誉制度的建设与管理。德国的功勋荣誉制度有着坚实的法律基础。现行规章中除了总的《头衔、勋章、奖章法》之外，各州政府也制定了相应的勋章和奖章法规，对勋章和奖章的意义、授予原则、流通，以及历史遗留下来的勋章和奖章的有效性等作了基本的规定。除此之外，每设立一种勋章和奖章都要颁布相应的法令，一些重要的勋章和奖章还要制定相应的细则，对其授予者、授予对象、授予条件、造型、佩戴方式等进行详细的规定。2017 年中央已经出台了多部勋章荣誉表彰条例和授予办法，为中国功勋荣誉表彰制度的构建打下了良好基础，但尚未以法律形式固定下来，在具体的实施过程中也必然会遇到很多具体问题，应当及时调研并补充完善相关规章。

第二，由专门机构负责，简化行政程序。包括德国在内，世界上各个国家的国家级勋奖章的设立、颁发、许可等一般属于最高领导人的职权范围，这种更符合国家级勋奖章所代表的一个国家最为推崇的精神价值。建议参照国外经验，由党和国家功勋荣誉表彰工作委员会统筹负责全国功勋荣誉制度的相关事宜，整合全国性表彰奖励工作，简化行政程序。

第三，国家级勋奖章的种类应当少而精，以突出其崇高性、重要性和代表性。从德国来看，纳粹时期设立和颁授了大量的勋奖章。一方面是因为意识形态是纳粹的重要统治手段之一，因此愿意通过极具精神象征意义和示范作用的功勋荣誉来影响人们尤其是军人的价值观取向；另一方面也是为了通过这种方式刺激军人的好战精神，以图赢得战争的胜利，因此当时的勋奖章大多是战争类和军事类。这种滥用不仅造成功勋荣誉制度的混乱，更因为纳粹的暴行严重影响了德国勋章的声誉。

第四，勋奖章的设计应当注重传统文化的传承。德国勋奖章无论是颜色还是造型都有着悠久的历史传统。颜色上多以黑、红、黄三色为主色，与国旗颜色一致。这三色最早被用于 19 世纪的德国革命，之后一直保留下来，现在的三色象征着第二次世界大战后的民主共和政体体制。造型上包含几个主要标志，出现率最高的有十字、鹰标、橡叶和月桂叶。十字起源于骑士团的十字饰物，德国乃至欧洲的勋章都起源于骑士团；鹰标起源于神圣罗马帝国旗帜上的黑鹰标志，联邦十字勋章上的鹰标被称为"联邦鹰标"，是1950年在魏玛共和国的鹰标基础上设计而成；德意志民族对橡树叶有着强烈的感情，它在德国文化中代表着正义和力量；月桂叶在德国文化中代表着坚韧的品格，古罗马皇帝曾经戴过月桂枝做成的桂冠。不仅如此，一些细节设计上还暗含着文化传承。以鹰标为例，虽然很多西方国家喜欢在国徽、勋奖章上采用鹰标，且欧洲国家的鹰标大多源自神圣罗马帝国，但是不同国家的鹰标细节上的不同暗含着其文化传承。德国鹰标头的朝向在不同的历史时期是有区别的，魏玛共和国时期为右视鹰标①，象征着罗马帝国时期封建权力，德国的基本政治体制——联邦制来自历史上的邦国，即封建领主；而纳粹时期的鹰标为左视鹰标，是因为纳粹自认为是神圣日耳曼人，左视鹰暗含着推崇罗马军国文化。德国统一后的"联邦鹰标"脱胎于魏玛共和国时期的鹰标，为右视鹰标，不仅象征着联邦制，而且隐喻着传承自魏玛共和国的合法性。

（祝伟伟　执笔）

---

① 纹章学中的朝向是从纹章本身的方向看的，而不是观看者的方向。——笔者注

四　法国功勋荣誉表彰制度研究

（一）　法国功勋荣誉表彰制度概况

法国的国家荣誉制度主要体现为荣誉团体、勋章和奖章制度。荣誉团体的历史可追溯至中世纪的骑士团。骑士团包括带有强烈宗教性质的军事修士会、由宫廷建立的宫廷骑士团以及各种荣誉性团体等。1789 年法国大革命之后，绝大多数骑士团被废除。

拿破仑·波拿巴执政时对国家进行了重组，他认为当时法国并没有真正意义上的国家荣誉制度，有必要进行创建。于是，1802 年他创立了荣誉军团，这是一个荣誉组织，荣誉军团勋章则是其成员身份与荣耀的标志。荣誉军团及荣誉军团勋章的设立奠定了法国国家荣誉制度的基础。

自 19 世纪末至 20 世纪 50 年代，法国设立了十余个专业的"部委勋章"，以缓解荣誉军团成员过快增长状况。在第一次和第二次世界大战期间，法国还设立了一些表彰军事功绩的勋章和奖章，如解放勋章。

1958 年法国第五共和国建立之后，调整了国家荣誉制度。1962 年法国颁布了《荣誉军团与军功奖章法典》，同时，由于荣誉军团入选条件极为苛刻，授奖名额和范围远不能满足国家表彰的需要，部委勋章过于专门化，统一性不足，

1963 年戴高乐将军增设了国家功勋勋章，以整合部委勋章，同时作为荣誉军团勋章的补充。自 1964 年 1 月 1 日起，除了保留四个部委勋章之外，法国废止了其余的部委勋章。这样，法国国家荣誉制度更为精简和统一。

法国通过功勋荣誉表彰体系，向公民授予具有象征意义的荣誉标志，对公民的功绩表示认可。法国的功勋荣誉表彰体系呈金字塔结构，功勋荣誉表彰分为不同的层次，这使得它对公民的认可具有差别化的特点。

当前，从功勋荣誉表彰的颁发主体来看，法国国家功勋荣誉表彰可分为两类。一是由国家元首在各个时期创设、今天以国家总统的名义颁发的、位于功勋荣誉表彰金字塔顶端的五种功勋荣誉表彰，主要包括荣誉军团（勋章）、解放军团（勋章）、军功奖章、国家功勋军团（勋章）、恐怖主义受害者国家承认奖章。二是由各部委颁发的其他民事的和军事的官方功勋荣誉表彰，分为军事功勋荣誉表彰（包括第一次世界大战十字奖章、第二次世界大战十字奖章等）、部级勋章（包括教育棕榈勋章、农业荣誉勋章、海事荣誉勋章和艺术与文学勋章）、部委下属部门颁发的民事荣誉奖章（包括英勇与献身行为荣誉奖章、消防队员荣誉奖章、海上救援荣誉奖章、劳动荣誉奖章等）、纪念奖章（包括第二次世界大战纪念奖章、法国纪念奖章等）。

（二）法国勋章/奖章管理细则

1. 勋章/奖章的佩戴方式

下文将考察荣誉军团勋章、军功奖章以及国家功勋勋章的佩戴规定。

（1）不同场合及着装的勋章、奖章佩戴规定

法国对不同场合及着装的勋章、奖章佩戴作了相应规定。以荣誉军团勋章为例，正装或军服上佩戴常规勋章；晚礼服上佩戴微缩勋章，且该微缩勋章应为规定规格勋章的精确复制；着便服（夹克）时，应佩戴相应胸花。大衣上不能佩戴勋章。着休闲服和运动服时不能佩戴勋章。此外，在官方和公开仪式上，必须佩戴常规勋章；在共和国总统即荣誉军团团长出席的仪式上，身着晚礼服、便服或军服的荣誉军团大十字级成员的绶带佩戴于坎肩之上；在其他场合，绶带佩戴于坎肩之下。

（2）勋章、奖章的佩戴时间及顺序

荣誉军团勋章和国家功勋勋章只有在授勋仪式结束后方可佩戴。其他勋章、奖章在授勋法令颁布之后即可佩戴。

勋章、奖章依据重要性的高低而有相应的佩戴顺序。荣誉军团勋章的重要性高于所有其他勋章（包括外国勋章）。法国勋章、奖章的佩戴顺序如下（由高到低）：荣誉军团勋章、解放勋章、军功奖章、国家功勋勋章、恐怖主义受害者国家承认奖章、第二次世界大战十字奖章、军功十字奖章、国家宪兵奖章、（第二次世界大战时期法国的）抵抗运动奖章、教育棕榈勋章、农业荣誉勋章、海事荣誉勋章、艺术与文学勋章、"逃出俘虏营"奖章、志愿军十字奖章、航空奖章、战斗人员十字奖章、法国国家承认奖章、海外奖章、国防奖章、志愿在军队服役奖章、部委各部门颁发的荣誉奖章、北非奖章与国家承认奖章、各种纪念奖章及类似奖章。

（3）关于接受和佩戴外国勋章、奖章的批准

法国人不能随意接受和佩戴外国勋章、奖章，必须获得国家相关部门的批准。获得外国勋章、奖章的任何法国人只能在荣誉军团管理会会长通过决议授权之后才能接受和佩戴该项外国勋章和奖章。

2. 功勋荣誉表彰的登记制度

法国功勋荣誉表彰具有相应的登记制度。荣誉军团花名册将所有荣誉军团成员均登记在册；荣誉军团花名册由荣誉军团管理会保管，因有悖于荣誉而被除名和权利中止的荣誉军团成员的情况会由荣誉军团管理会会长下令在荣誉军团花名册上注明，并详细指出受到处罚的相关人员被剥夺行使与该荣誉相关的权利和特权以及相关的享受薪俸的权利。此外，在授勋仪式后，荣誉军团管理会会长将收悉一份关于所有授勋的笔录，这一笔录包括所有接受勋章者和授勋者的签名；当勋章由共和国总统在笔录现场颁发时，将确立一份含会长和接受勋章者签名的证明书；获得外国纪念奖章的法国人在将盖有同意章的证书原件在荣誉军团管理会免费登记之后，可佩戴相应的奖章；法国在颁发勋章、奖章等国家荣誉的同时通常还会授予配套的证书。

3. 功勋荣誉表彰的法律生效

《荣誉军团与军功奖章法典》是法国国家荣誉制度最重要的文本；法国大部分国家级奖项的设立要颁布相应的法令，对奖项的授予对象、授予条件、授予名额等作详细的规定；《刑法》对于勋章的非法使用等也有明确的处罚规定。荣誉军团的授勋是通过颁布相关法令而合法化的。

4. 功勋荣誉纪念场所

法国既设有功勋荣誉表彰博物馆等勋章、奖章的收藏、保管和宣传场所，也有永久纪念法国历史名人的圣殿，这些功勋荣誉纪念场所对法国弘扬和传承国家荣誉精神发挥着重要作用。

（1）荣誉军团和骑士团国家博物馆

法国荣誉军团和骑士团国家博物馆位于巴黎，用于展示勋章、奖章、图画、兵器、艺术品、服装、文件等。博物馆辟有5个展厅，分别是宗教和军事骑士团展厅、皇家军团展厅、荣誉军团展厅、外国勋章奖章专门展厅以及当代展厅。一些互动屏展示着法国中世纪以来的功勋荣誉表彰历史，并介绍了荣誉军团当前的运转状况及其成员情况。博物馆还设有文献中心，包括一个图书馆和一个档案馆。

（2）解放勋章博物馆

解放勋章管理会和博物馆均设于荣军院中。博物馆的大部分展品是解放战友所提供的个人物品和文件。荣誉厅特别为戴高乐将军而设置，该厅展出了戴高乐将军的军服、所获得的法国和外国勋章，以及某些最重要的战争手稿等文件。博物馆每年接待观众9万余人。博物馆还开展丰富多彩的教学活动，向青年一代传承抵抗运动精神。解放勋章博物馆友好人士协会负责管理该博物馆馆藏。

（3）先贤祠

先贤祠位于巴黎市中心，于1791年建成，是永久纪念法国历史名人的圣殿。它原是路易十五时代建成的圣·热内维耶瓦教堂，1791年被收归国有脱离宗教后，改为埋葬"伟人"的墓地。先贤祠内安葬着伏尔泰、卢梭、维克多·雨果、爱弥尔·左拉、安德烈·马尔罗、居里夫妇和大仲马等名人。至今，共有70余位对法国作出非凡贡献的人享有这一殊荣，其中有十余位政治家。

5. 与功勋荣誉表彰相关的待遇

在法国，获得功勋荣誉表彰意味着很少的物质权利和很多的道德义务。获奖者有如下一些权利。①佩戴勋章、奖章。②在授勋后，在公民身份文件、法律或公证文件，甚至在警察署笔录中，在任何不具有商业目的的信件或文件中，可在荣誉军团成员姓名之后注明其荣誉军团成员身份。③待遇。荣誉军团几乎没有任何实际的物质或经费的奖励，它对于加入荣誉军团的成员和其亲属来说是无上的光荣。因军事成就加入荣誉军团的成员享有年度薪俸，但数额极少，仅为象征性待遇。大十字级成员每年可获 36.59 欧元；高级军官，24.39 欧元；指挥官，12.20 欧元；军官，9.15 欧元；骑士，6.10 欧元。军功奖章获得者每年可获得 4.57 欧元的待遇。④注册女子子弟学校。荣誉军团成员和军功奖章获得者的女儿、（外）孙女和曾（外曾）孙女可以在荣誉军团子弟学校（包括公共教育初中和高中）就读。获得荣誉军团勋章的外国人的女儿和（外）孙女也可在子弟学校中就读。

6. 功勋荣誉表彰的撤销与勋章/奖章的撤回

功勋荣誉表彰获奖者的归属感促使他们遵守良好的行为准则和处事之道。法国荣誉军团成员是终身制，不能从荣誉军团中辞退。如果成员发生有损荣誉的行为，荣誉军团委员会可对其实施纪律处分。纪律处分措施有：审查；完全或部分中止权利、特权的行使和享有薪俸的权利；被荣誉军团除名，等等。《荣誉军团与军功奖章法典》第89—111条对荣誉军团纪律处分和纪律处分程序等作了详细规定。

7. 滥用功勋荣誉表彰的惩处措施

在法国，勋章、奖章的佩戴受法律保护。对于与勋章、奖章的创设、授予和佩戴相关的违法行为，相关法律均作出了明确的处罚规定。法国《刑法》规定，非法佩戴法国或外国勋章、奖章可被处以一年监禁和 1.5 万欧元的罚款。法国《荣誉军团与军功奖章法典》第 97 条规定，任何佩戴其无资格佩戴的荣誉军团勋章或其他法国或外国勋章或奖章者将按照《刑法》第 433—17 条规定实施惩罚。工商、金融团体或机构的创建者、领导者或主管如果使得或任由荣誉军团成员姓名及其资格用于任何为其领导的企业或其准备创建的企业谋利的广告中的话，他们将受到《刑法》第 262 条所规定的惩罚。

（三）　法国勋章/奖章的设计与规范

以荣誉军团勋章为例，荣誉军团勋章分为 5 级，由低到高依次为：骑士级、军官级、指挥官级、高级军官级和大十字级。

荣誉军团骑士勋章为 5 道双芒星状物，星状物上方为橡树和月桂王冠。星形中央为白色珐琅，其周围是橡树和月桂枝，勋章正面有代表法兰西共和国的头像和铭文

正面　　　　背面

图 16　荣誉军团骑士勋章

"RÉPUBLIQUE FRANÇAISE"（意为"法兰西共和国"），背面正中为两面法国国旗，外围上方铭文为"HONNEUR ET PATRIE"（意为"荣誉与祖国"），下方铭文为"29 FLORÉAL AN X"（意为"1802 年 5 月 19 日"）。材质为银质，直径为 40 毫米，佩戴于左前胸。其红色绶带呈波纹状，宽度为 37 毫米（如图 16 所示）。

军官勋章与骑士勋章造型、大小和佩戴方式相同，但材质为镀金，绶带上带有玫瑰花结（如图 17 所示）。

图 17　荣誉军团军官勋章

图 18　荣誉军团指挥官勋章

指挥官勋章与骑士勋章造型相同，但材质为金质，直径为 60 毫米，悬挂于颈部。其红色绶带呈波纹状，宽度为 40 毫米（如图 18 所示）。

荣誉军团高级军官在右前胸佩戴一枚双芒星形银质徽章（见图 19 图左），其直径为 90 毫米，徽章正中为代表法兰西共和国的头像，头像外围刻有铭文"HONNEUR ET PATRIE"（荣誉与祖国）。此外，荣誉军团高级军官还应在左前胸佩戴荣誉军团军官勋章（见图 19 图右）。

荣誉军团大十字级成员应自右肩至左髋斜跨宽 10 厘米的红色绶带，在红色绶带的下方缀有与荣誉军团军官勋章相似，但直径为 70 毫米的勋章。此外，获奖者还在左胸佩戴与荣誉军团高级军官徽章相似，但为镀金的徽章（图 20 图左为徽章，图右为勋章及绶带）。男士佩戴勋章和绶带的方式如图 21 所示（从左至右，级别从低到高）。

图 19　荣誉军团高级军官勋章

图 20　荣誉军团大十字勋章

| 骑士 | 军官 | 指挥官 | 高级军官 | 大十字级成员 |

图21 荣誉勋章、绶带男士佩戴方式

图22 法兰西第四和第五共和国
时期的荣誉军团大项链

除荣誉军团勋章之外，历任团长在就职仪式上还被授予一条大项链。大项链由16枚金质大奖章组成，项链的中央有两个花体字母（H和P，分别为法文"荣誉"和"祖国"两个词的缩写）。花体字母上的挂环挂着荣誉军团团长的勋章，这一勋章与大十字勋章造型相同，但直径为81毫米。16枚大奖章的正面是象征国家生活主要活动的标志，奖章的背面刻有荣誉军团历任团长的姓名，以及他们上任和离任的日期。

（四）法国功勋荣誉表彰相关法律法规

法国这个大陆法系国家设置了全面细致的国家荣誉制度法律法规，法律体系较为完善。1962年，在戴高乐将军的推动下，法国颁布了《荣誉军团与军功奖章法典》。该法典是法国国家级军团（勋章）和军功奖章的基本宪章。1963 年，随着国家功勋勋章的设立，法典得到进一步完善。法典分 5 卷，共 173 条，对荣誉军团的目的与组成，荣誉军团中的任命与晋升，荣誉军团的授勋，荣誉军团成员的权利、荣誉与优待，纪律，军团的管理，荣誉军团学校，荣誉军团和骑士团国家博物馆，向外国人授予荣誉军团勋章，军功奖章的授奖条件与授奖方式，军功奖章的权利、荣誉与优待，向外国人授予军功奖章，关于接受和佩戴外国勋章、奖章的批准，刑事条款等方方面面作了规定。

（五） 法国功勋荣誉表彰机构的设置和运行

法国国家级军团往往拥有专门的行政管理机构和负责审查功勋荣誉表彰候选人资格的评审委员会。这些机构的设置和运行情况如下。

1. 荣誉军团管理会
（1） 机构级别

荣誉军团管理会是法国国家功勋荣誉表彰的最高管理机构，早在荣誉军团于 1802 年设立之初即成立。它是独立的行政机构，工作职能类似于一个部委，有独立预算，预算由总理拨付。它的职责在于管理具有法人资格的荣誉军团，主要承担三项任务，即管理国家功勋荣誉表彰、管理荣誉军团子弟学校、管理荣誉军团博物馆。荣誉军团管理会每年预算 2400 万欧元；在法国本土有 3 处管理会会址，其中 2 处是历史遗产；有两所中学，学生有 1000 人，高中毕业会考通过率 100%；博物馆展出 4600 部著作以及 122 个国家的 400 种勋章和奖章。

（2）运作方式

荣誉军团管理会由总秘书长负责，总秘书长由法国总统任命，并听命于荣誉军团管理会会长。管理会的行政部门的人员有约400人，其中有112名教授。管理会人事构成既包括合同雇员，也包括公务员，主要隶属于司法部和教育部。隶属司法部的人员主要负责勋/奖章的管理，隶属教育部的人员主要负责荣誉军团子弟学校的管理。

（3）日常管理工作

荣誉军团管理会的日常管理工作主要有以下四个方面。其一，军团、勋/奖章的管理。荣誉军团管理会是管理国家军团和勋/奖章的行政机构，介入国家功勋荣誉表彰的不同阶段进行管理。审查每年由各部委递交的评奖推荐材料1.5万份（包括所有勋奖章）；筹备荣誉军团评审委员会评审各项事务并负责执行评审委员会决议；在《政府公报》上发布勋/奖章获奖者名单；接收荣誉军团管理会的费用；监管授勋仪式；发放获奖证书；跟踪并公布数字信息。荣誉军团管理会的这些管理工作决定了它要与法国总统、各部委、使馆、省政府和外国政府打交道。

其二，为功勋荣誉表彰获奖者及其后代服务。主要体现在为功勋荣誉表彰候选人提供全程咨询服务；管理功勋荣誉表彰获奖者文件等；荣誉军团管理会管理着200年的档案以及一个220万份材料的数据库，该数据库可供勋/奖章获奖者后代或者历史研究人员查询；审查荣誉军团子弟学校入学申请材料。

其三，保障功勋荣誉表彰的运营。对功勋荣誉表彰的创设申请或关于现有功勋荣誉表彰颁授条件的修改的申请进行审查；介入针对勋/奖章获得者的可能的纪律审查程序；接收关于佩戴外国勋/奖章的申请。

其四，一般性管理。负责荣誉军团管理会的人事管理以及荣誉军团子弟学校学生的招生；行政与经费管理；荣誉军团子弟学校的教育教学指导；制定文化政策和管理博物馆；建筑遗产的保养和增值。

法国总统是当然的荣誉军团团长。团长最终决定关于国家功勋荣誉表彰的所有问题。荣誉军团管理会会长是荣誉军团的核心人物。他是法律法规和价值观的维护者、勋章奖章的评判者、荣誉军团在法国和在国外的使者、子弟学校校长、博物馆主任，同时主管国家级勋、奖章委员会的工作。在法国行政体制中具有独特的地位。会长由法国总统从荣誉军团大十字级成员中遴选，任期六年，可连任。会长可以是民事领域和军事领域的重要人物。实际上，除了拿破仑时期的会长及其继任者之外，担任这一要职的一直是元帅和将军。自2016年9月1日以来，法国前总参谋长、Benoît Puga 上将担任荣誉军团管理会会长，成为荣誉军团第33任会长。

2. 荣誉军团委员会

荣誉军团委员会由贤达人士组成，负责与荣誉军团的管理相关的所有问题。它是一个独立机构，由荣誉军团管理会会长主持，其决议是保密的，直接呈送总统。

荣誉军团委员会负责审议然后确认或拒绝部委向它们传送的授勋和晋升材料；提出对获勋者实施可能的纪律处分的意见；审查与荣誉军团章程相关的问题；监督荣誉军团及其相关机构（子弟学校和博物馆）规章制度的实行；批准荣誉军团预算并跟踪其执行情况；其权力可延伸至军功奖章以及恐怖主义受害者国家承认奖章的颁授和相关章程的制定。

荣誉军团委员会委员任期四年，可连任。荣誉军团委会委员的构成情况是：荣誉军团管理会会长（委员会主席）以及 17 位由管理会会长推荐、团长任命的委员。这 17 位委员中有 15 名是从荣誉军团指挥官、高级军官和大十字级成员中选出的人员，1 名是从荣誉军团军官级成员中选出的人员，1 名是从荣誉军团骑士级成员中选出的人员。

荣誉军团委员会在荣誉军团管理会"委员会厅"中每月召开一次全会。每年研究大约 3700 份与荣誉军团（勋章）相关的材料和 2800 份与军功奖章相关的材料。

3. 国家功勋军团委员会

国家功勋军团委员会的职责与荣誉军团委员会的职责大致相同，但它不审议预算问题。委员任期四年，可连任。国家功勋军团委员会委员由荣誉军团管理会会长（任委员会主席）、11 位有资质的人物（其中 9 位是国家功勋勋章大十字勋章和指挥官勋章获得者，1 位高级军官勋章获得者，1 位骑士勋章获得者）构成。每年开会 8 次，审阅大约 5000 份材料。

值得一提的是，军功奖章候选人的评审、颁授、管理及纪律约束由荣誉军团管理会和荣誉军团委员会负责。

（六）法国功勋荣誉表彰的提名、选举和颁授

1. 提名、选举和颁授过程

下面以荣誉军团（勋章）为例来说明法国国家功勋荣誉表彰的提名、选举和颁授过程。该过程可分为七个阶段。第一阶段，遴选。市长、国会议员、省长、部长办公室以及地方行政机构、经济体和社团均可在一年当中物色候选人。2008 年以来，任何公民（在获得同一省区内 50 位公民的签

名后）可以直接向省政府提交材料，推荐其认为优秀的人员。然后省长根据被推荐人的情况将材料呈交给相应的部委。第二阶段，提名。只有部委才有资格对荣誉军团人员的任命和晋升进行提名。法典规定总理提名高级军官和大十字级军官获奖者。每个部委均有根据其管辖业务而预先确定的提名名额。部委对材料进行审核后，为每名候选人确定一份提名材料，明确候选人的履历等信息。提名材料被转交给荣誉军团管理会会长。第三阶段，材料审核。荣誉军团管理会的部门负责核实功勋荣誉表彰是否符合法规并对材料进行分析，然后转交给荣誉军团委员会委员。每名荣誉军团委员会委员根据自己的职责范围审查提名材料。第四阶段，审议。在荣誉军团管理会会长的主持下，荣誉军团委员会每个月召开例会，根据法典和判例对提名材料进行审议和宣布审议结果。荣誉军团委员会淘汰大约15%的提名材料。荣誉军团管理会会长将通过的提名材料呈交给共和国总统。第五阶段，决定。国家总统最终确定获奖者。国家总统作为荣誉军团团长，可以删减功勋荣誉表彰获奖者提名，但不可增加提名。对于指挥官、高级军官和大十字级军官等级的候选成员的删减，须得到部长委员会的同意。第六阶段，公布获奖者名单。共和国总统签署提名和晋升的法令，随后在《政府公报》中进行公布。民事领域的常规授勋在每年元旦、复活节和法国国庆节（7月14日）刊登于《政府公报》，军事领域的常规授勋在每年5月初和7月初刊登于《政府公报》。有时国家根据特殊情况，会增加特殊授勋。第七阶段，决定书。荣誉军团管理会会长向获奖者发送祝贺信，并对此后要采取的程序和步骤作一些解释。然后获奖者要组织授勋仪式，要加入荣誉军团，授勋仪式是必不可少的。对外国人的授勋只能通过外交部递交材料，各使馆负责对候选人材料进行审核认证，授勋仪式不是必需的。

2. 法国勋/奖章颁授仪式的组织

法国勋/奖章颁授仪式的组织具有以下几大特点。

（1）分类组织授勋仪式

关于荣誉军团成员任命和晋升的法令颁布后，可在一年内组织荣誉军团勋章的授勋仪式。军人的授勋是在阅兵式时进行，有独特的程序。对外国人的授勋仪式不是必需的。

（2）气氛庄严又不失温馨

授勋仪式意味着授勋者正式加入荣誉军团，对于受勋者来说是独特的经历。受勋者的亲朋好友会受邀参加授勋仪式，见证庄严美好的时刻，这使得授勋仪式又充满了家庭聚会或节日庆典的温馨。

（3）规格崇高，凸显颁授人的崇高权威和对获奖者的激勉作用

荣誉军团大十字勋章和荣誉军团高级军官勋章由总统颁发，如果总统不能分身，荣誉军团管理会会长或至少与接受勋章者具有同一荣誉级别的大十字级成员和荣誉军团高级军官可被委托执行授勋；荣誉军团管理会会长指定荣誉军团中的某一名不低于接受勋章者级别的成员执行荣誉军团指挥官、军官和骑士的授勋；总理或部长经总统授权，可执行荣誉军团各级别人员的授勋；在国外任职的大使也可在同样的条件下，向在其任职国居住的法国人授勋。

（4）仪式感强

颁授者和颁授典礼均写入相关法典，有固定的礼仪和致辞。授勋仪式分三步。一是称颂获勋者的功勋事迹。二是授勋，委托人向受勋者颁发勋章并行拥抱礼。三是获勋者发表获勋感言。

（七）特点与启示

综上所述，法国国家功勋荣誉表彰制度在实践中不断调整和完善，经过几个世纪的发展，形成了以下几大特点。

第一，法国设有统一性、规范性、国内国际知名度和影响力高的功勋荣誉表彰体系。国家级功勋荣誉表彰项目少而精，荣誉军团勋章、军功奖章和国家功勋勋章是法国三大最高级别的勋章。它们象征着国家的承认和奖励，体现了功绩原则和公共福利，在法国拥有崇高地位。荣誉军团勋章是历史上第一个普遍的荣誉勋章，自其创立二百多年以来，一直发挥着较强的国际影响力。

第二，功勋荣誉表彰体系是国家遗产的组成部分，它是法国的标志，代表着法国的形象。它也是时代的反映，需要不断与时俱进。随着时代的发展，荣誉军团和荣誉军团勋章也发生着变化，它越来越重视企业界和工薪阶层、平民以及女性的地位。

第三，功勋荣誉管理体制较完善，关于勋奖章的佩戴方式、登记制度和法律生效等均有详细的规定。倚重博物馆等功勋荣誉纪念场所对国家功勋荣誉进行宣传、保管，弘扬国家荣誉精神，拓展了功勋荣誉表彰体系的影响力。

第四，奖罚并重。在功勋荣誉表彰的待遇方面，重精神奖励，轻物质奖励，但是功勋荣誉表彰获奖者的子弟在受教育方面获得一定的优待，专门设有荣誉军团成员和军功奖章获得者女子子弟学校。实行退出机制，如果获奖者有损害荣誉的行为，将被剥夺荣誉奖励或从荣誉组织中除名。

第五，勋章、奖章的设计具有鲜明的国家和民族特点，以积极向上、突出爱国主题的图像和铭文加以表征，制作和设计精良。

第六，功勋荣誉表彰体系的实施倚赖法律先行。《荣誉军团与军功奖章法典》是法国功勋荣誉表彰制度最重要的文本；法国大部分国家级奖项的设立都要颁布相应的法令，对奖项的授予对象、授予条件、授予名额等都作了详细的规定；法国《刑法》对勋章的非法使用等都有明确的处罚规定。

第七，功勋荣誉表彰管理机构职能明确，在国家行政管理体制中占有重要地位。法国功勋荣誉表彰体系的中枢管理机构是法国荣誉军团管理会，它的职能相当于部委，有充足的人员编制，职能范围广泛，涵盖法国国家功勋荣誉表彰体系的方方面面，保证功勋荣誉表彰的提名、选举和颁授工作的良性运行，在功勋荣誉表彰体系中发挥着重要作用。此外，荣誉军团和多数勋/奖章都设有专门的管理机构和评审委员会。

笔者就推动中国功勋荣誉表彰体系以及管理体制机制的进一步完善提出以下几点政策建议。

第一，功勋荣誉管理体制机制的建设和完善需纳入新时代国家治理体系和治理能力现代化建设过程，是新时代国家制度性建设中的重要环节和部分。

第二，开辟专门的功勋荣誉表彰宣传和纪念场所，更好地发挥功勋荣誉表彰体系引领新时代社会风尚和弘扬社会主义核心价值观的作用。

第三，勋章、奖章的样式设计突出中国特色，遴选融合中国传统文化底蕴和新时代的标志和设计。

第四，进一步完善相关立法，使功勋荣誉表彰体系的法制化进一步深化，为推动全面依法治国再添新的动力。

第五，优化中国功勋荣誉表彰管理机构的职能，指引中国功勋荣誉表彰体系的方向。法国规定，获得外国勋章、奖章的任何法国人只能在荣誉军团管理会会长通过决议授权之后才能接受和佩戴该项外国勋章和奖章。借鉴这一做法，建议进一步加强中国功勋荣誉表彰管理机构对中国人接受外国勋章、奖章的规范作用。

（贺慧玲　执笔）

五　意大利功勋荣誉表彰制度研究

（一）　意大利功勋荣誉表彰制度概况

意大利功勋荣誉制度具有悠久的历史和传统，对荣誉勋章、家族的纹章、旗帜、旌旗的研究至深，甚至发展出了一门专门的学问：纹章学。在原有的贵族封号之外，为了奖赏那些对家族事业有特殊贡献的人，世家大族建立起了"骑士团"，为骑士团的骑士设定称号、颁发徽章，制定章程。以骑士团为雏形的功勋荣誉制度渐渐发展起来。纵观意大利史上的几大骑士团，其等级森严，勋章设计讲究，骑士团章程往往以法令的形式固定下来。其国家级勋章制度的发展，同意大利分裂又统一的历史密不可分。在意大利共和国成立之前，影响较大的国家级勋章骑士团主要有神圣圣母至高骑士团、圣莫里吉奥与圣拉萨罗骑士团与意大利王冠骑士团。

延续历史传统，意大利国家功勋荣誉表彰体制主要由勋章与奖章两大类组成。其中，奖章共计15种，涉及战争与军事、民事荣誉与价值、文化艺术与教育、科学、公共财政、海外军事与民事反恐行动等多个领域。

国家级勋章共有五类，分别是意大利共和国荣誉勋章、意大利军事勋章、劳动荣誉勋章、意大利星星勋章与维托里奥·维内托勋章。每一类勋章下又分为大骑士勋章、指挥官勋章等多个等级。

其中，军事勋章与维托里奥·维内托勋章都是军事系统的荣誉勋章。而星星勋章则特别颁发给那些在推动意大利对外友好合作关系方面作出杰出贡献、旅居海外的意大利人与外国人，属于国家二级民事勋章。比如 2016 年 10 月，中国国家大剧院院长陈平就曾获颁该项荣誉称号的指挥官勋章。劳动荣誉勋章，则是颁发给那些在农业、工商业、手工艺与借贷方面值得特别称赞的人士的。意大利共和国荣誉勋章是意大利最高级别的国家骑士勋章。勋章共分五级，自上而下分别是：大十字骑士勋章、高级将领勋章、指挥官勋章、将领勋章及骑士勋章。

（二）　意大利勋章/奖章管理细则

共和国荣誉勋章每年举行两次授勋仪式，分别于 6 月 2 日（意大利共和国国庆日）与 12 月 27 日（意大利宪法颁布日）举行。不过，共和国总统行使"自行敕书"权向外国公民、旅居海外的意大利公民或离职人士颁发的奖项则不受此限制，可随时颁发。

1. 勋章的佩戴方式

（1）第一级勋章——大十字骑士勋章

大十字骑士勋章有两种可佩戴装饰。第一种是末端加宽的圆弧形白色十字架，十字架以纯金镶边，直径为 52 毫米。佩戴时，无论男女，十字架都应悬挂于丝质绶带上，绶带佩戴于右肩并向身体左侧垂下。男士绶带为绿色，宽 101 毫米，镶红边，镶边宽 9 毫米；女士绶带颜色相同但略窄，宽 82 毫米。第二种装饰是直径为 85 毫米的银质徽章，男女式样一样，佩戴时，徽章均佩戴于左胸。

（2）第二级勋章——高级将领勋章

第二级勋章的佩戴装饰也有两种。第一种是与第一级勋章式样相同的十字架，十字架悬挂于蝴蝶结下，佩戴在衣领上。第二种是直径为 80 毫米的银质徽章，男、女受勋者的徽章式样完全一样，需悬挂于蝴蝶结下，佩戴在左肩下方。

（3）第三级勋章——指挥官勋章

第三级勋章的装饰仅有一种，为银质徽章，形状与第二级勋章的第二种装饰银勋章相同，悬挂于绿色镶红边的蝴蝶结下，男士佩戴在衣领上，女士佩戴在左肩下方。

（4）第四级勋章——将领勋章

第四级勋章的装饰为一枚直径为 40 毫米的十字架徽章，形状同第三级勋章装饰的银质徽章，十字架颜色由白色变为金色，悬挂于绿色镶红边宽 37 毫米的蝴蝶结下，蝴蝶结两侧红边宽 3 毫米，佩戴于左胸。女士勋章式样同男士勋章一样，但佩戴于左肩下方。

（5）第五级勋章——骑士勋章

第五级的勋章装饰仅有一种，为十字架徽章，形状与第四级勋章装饰相同，但十字架四臂为银色，悬挂在同样的蝴蝶结下，男士佩戴于左胸，女士佩戴在左肩下方。

（6）意大利共和国荣誉勋章佩戴特点

意大利共和国荣誉勋章的佩戴有如下几个特点。

首先，最高级别的大骑士勋章需要绶带悬挂，男女在佩戴方式上并无不同。考虑到不同场合下服装需求的不同，除了绶带悬挂大十字架外，还设计了佩戴在正式服装上的徽章，徽章佩戴于左胸。

其次，除大骑士勋章之外的其他几级勋章，考虑到男女身材比例上的差异以及着装上的不同，存在男女佩戴方式的差异。就徽章而言，男性受勋者的勋章级别越高，则佩戴位置越高，主要佩戴在衣领与胸口两处；女性受勋者的徽章佩戴位置则不变，均位于左肩下方。

最后，勋章配饰随级别的降低而在尺寸上作相应调整，越往下越小，材质由金变银，颜色遵循宗教传统，以白色为尊，依次降为金色、银色。

2.《名人册》与功勋荣誉表彰的法律生效

首先，荣誉勋章授予的法令应由意大利总统签发，但仍需总理联署。其次，签发的颁勋法令必须在颁勋会的名人册上正式登记后，授予的荣誉勋章才能具有法律效力，勋章获颁者才可以使用荣誉称号及与之相对应的纹章装饰。不过，总统行使"自行敕书"权以特殊形式颁发给外国公民的勋章则不适用于此规定。

其具体的程序是，总统签发法令，总理联署，国家礼仪与荣誉办公室负责人将法令寄给颁勋会办公室主任，由颁勋会办公室主任将之登记在颁勋会的《名人册》（功勋簿）上。1952年10月31日，意大利政府颁布的关于"批准执行意大利共和国颁勋会章程"的总统法令第18条明确指出，《名人册》（功勋簿）由颁勋会办公室主任负责管理，不同级别的勋章均有一本《名人册》，受勋者的证书上会印有《名人册》上的注册编号。此外，《名人册》上除了会简单扼要地注明受勋人因何功绩受勋外，在受勋人因触犯法律或作出有损名誉之事而被撤销荣誉称号后，颁勋会办公室主任还有责任在其保管的《名人册》上（此人条目下）记录下荣誉称号的撤销及其原因、罪行。此外，办公室主任还需在意大利共和国《政府公报》上通知被提名人参加授勋仪式，并部署相关工作，准备向有关个人发放证书。

3. 功勋荣誉表彰的撤销与勋章的撤回

有三种情况会导致勋章授予法令的撤回。

第一种是受勋者主动放弃荣誉勋章。在此情况下，颁勋会办公室主任应在通知总理的同时，不予登记颁勋法令；如果法令登记已经完成，总理应推动颁勋法令的撤回程序。

第二种情况是颁勋法令签署，但尚未登记在名人册上，发生了严重的情况导致勋章颁发不再合适。此种情况下颁勋会办公室主任应立即停止法令登记并向总理汇报情况。在颁勋会理事会举行听证会后，总理可以推动授予法令的撤回程序，或为此作出安排以便推进下一个程序。

第三种情况是受勋人触犯了法律，导致荣誉勋章名不副实。在此情况下，颁勋会办公室主任应与相关人员取得联系，并告知其勋章撤回的提议，并将其事实依据一并通知该人。此外，办公室主任还会预先确定一个期限（不少于20天），供被告提交自我申辩的书面材料，以提交给颁勋会理事会评估。通知以附有接收回执的挂号信方式寄给被告常用居住地址，如常用居住地址不明，则寄给勋章授予法令的接收地址。一旦超过提交自辩材料的最后期限，颁勋会办公室主任应向颁勋会理事会提交相关文件，以听取颁勋会的意见。如果被告触犯了《刑法》第28条、第29条，一旦法官宣判被告罪行的最终审判结果为不配被授予勋章，法官的书记员应向颁勋会秘书处提交判决结果副本。颁勋会办公室主任须在原始的勋章授予法令上作出说明，并写下构成勋章被剥夺的主要犯罪情节。

同荣誉勋章颁发需要签发总统法令一样，荣誉称号的撤销也需要总统签发法令，撤销荣誉称号的总统法令也需要在

《名人册》上备注，并在《政府公报》上予以刊登。

4. 滥用功勋荣誉表彰的惩处措施

意大利法律规定的荣誉称号的滥用主要存在以下三种形式。

第一种是意大利公民在意大利领土内使用未经意大利外交部提议、意大利总统法令批准的他国或非国家颁勋会颁发的荣誉勋章或骑士称号。若违反此规定，受到的是行政处罚，违反者将被处以行政罚款，金额最高达 1291.14 欧元。

第二种是个人、团体或协会非法授予勋章及骑士荣誉称号的行为。意大利法律明令禁止任何个人、团体、协会以任何形式与提名方法授予勋章与骑士荣誉称号，违反者将受到刑罚处罚与行政处罚，将被判 6 个月至 2 年的徒刑，并处以 645.57—1291.14 欧元的罚款。

第三种是个人使用了非法荣誉称号、勋章与骑士称号的行为。任何人以任何形式与方法使用了非法的荣誉称号、勋章与骑士称号，甚至是在现行法律生效之前颁发的荣誉称号、勋章与骑士称号，都将接受行政处罚，受到 129.11—903.80 欧元的行政罚款。

此外，在意大利共和国荣誉勋章设立前的多种勋章均已废止颁发。不过，对于在法律生效前已经颁发的荣誉称号与勋章，仍可继续使用，但在公共仪式上不具备任何优先权。

（三）　意大利勋章/奖章的设计与规范

意大利政府以 1952 年 5 月 13 日颁发的第 458 号总统法令"关于落实 1951 年 3 月 3 日第 178 号法律规定"的附件形式，详细规定了意大利共和国荣誉勋章每一级的装饰品数量、纹样图案与佩戴方式。2001 年 3 月 30 日颁布的第 173 号总统法令又对上述第 458 号总统法令的第 14 条，即各级勋章的装饰纹样特点进行了重新定义。

（1）第一级勋章——大十字骑士勋章

大十字骑士勋章有两种可佩戴装饰。第一种是末端加宽的圆弧形白色十字架（图 23 左图），十字架以纯金镶边，直径为 52 毫米。十字架的四臂由结满果实的橄榄枝与栎树枝串起，围绕十字架构成环形。十字架的正中是圆形的盾牌纹章，纯金铸造，并镶以蓝边。盾章正面是金质的意大利共和国国徽，蓝边中间是大写碑刻罗马字体的意大利文 "MERITO DELLA REPPBULICA"，意为 "共和国荣誉"；盾章背面雕有金质的意大利国家化身像，为头戴桂冠的女性头像，蓝边中同样刻有大写的金质碑刻罗马字母，上半部分是拉丁文 "PA-TRIAE UNITATI"，意为 "祖国统一"，下半部是 "CIVIUM LIBERTATI"，意为 "公民自由"。佩戴时，十字架应悬挂于丝质绶带上。绶带为绿色，宽 101 毫米，镶有红边，镶边宽 9

图 23　大十字骑士勋章

毫米，红、绿二色为颁勋会代表色。女性受勋者的绶带略窄，颜色相同，为82毫米宽。

第二种装饰是直径为85毫米的银质徽章（图23右图），徽章呈凸起的四射光环状，光环由8组射出的光线组成，每组光线的末端都嵌有钻石，光线交叉的中心是十字架，其式样与第一种装饰的十字架相同。

（2）第二级勋章——高级将领勋章

第二级勋章的佩戴装饰也有两种。第一种是同第一级勋章一样的十字架（图24左图），十字架悬挂在宽50毫米的绿色镶红边的蝴蝶结下，蝴蝶结两侧所镶红边均为4毫米宽。

第二种是直径为80毫米的银质徽章（图24右图），同样呈凸起的光环状，光环由四组光线组成，每组光线的末端嵌有钻石，中间是颁勋会的十字架。男、女受勋者的徽章式样完全一样，不过女士勋章需悬挂于绿色镶红边的蝴蝶结下，佩戴在左肩下方。

图24　高级将领勋章

（3）第三级勋章——指挥官勋章

第三级勋章的装饰仅有一种，为银质徽章，形状与前文描述的第二级银质十字徽章相同，直径 40 毫米，悬挂于绿色镶红边的蝴蝶结下，蝴蝶结丝带宽 37 毫米，镶边宽为 3 毫米，男士佩戴在衣领上，女士佩戴在左肩下方。

（4）第四级勋章——将领勋章

第四级勋章的装饰为一枚直径 40 毫米的十字架徽章，形状与第三级银质徽章相同，十字架颜色由白色变为金色，悬挂于绿色镶红边宽 37 毫米的蝴蝶结下，蝴蝶结两侧红边宽 3 毫米，佩戴于左胸。女士勋章式样同男士勋章，佩戴于左肩下方。

图 25　指挥官勋章　　　　　　　图 26　将领勋章

（5）第五级勋章——骑士勋章

第五级的勋章装饰仅有一种，为十字架徽章，形状、大小均与第四级勋章装饰相同，但十字架四臂为银色，悬挂在同样的蝴蝶结下，男士佩戴于左胸，女士佩戴在左肩下方。

图 27　骑士勋章

（四）意大利功勋荣誉表彰相关法律法规

1951 年 3 月 3 日，意大利颁布了"关于设立意大利共和国荣誉颁勋会与勋章授予及使用办法"的第 178 号法律，这部法律随后刊登在 1951 年 3 月 30 日第 73 期《政府公报》上。法律清楚地界定了意大利国家最高等级的荣誉勋章的授予机构、第一负责人、授予对象、勋章级别、勋章授予及使用方法、勋章的撤回规定、荣誉称号滥用违反处罚等内容，为国家级最高荣誉称号的颁发与使用奠定了法律基础。该法律的最后一条是"政府有权颁布必要的条例以实施本部法律"，这为下一部总统法令的出台提供了法律依据。

1952 年，为了将第 178 号法律中规定的内容落到实处，意大利政府又颁布了 1952 年 5 月 13 日第 458 号总统法令"关于落实 1951 年 3 月 3 日第 178 号法律的规定"。第 458 号总统法令进一步对 1951 年 3 月 3 日第 178 号法律中的规定内容进行了补充，明确规定了勋章的授予范围与对象、最大授予数量、提名与通报程序、勋章的放弃与撤销等内容，并在附件中详细描述了每一级的装饰品数量、纹样图案与佩戴方式。

1952 年 10 月 31 日，意大利政府颁布了关于"批准执行意大利共和国颁勋会章程"的总统法令，将颁勋会的章程固定下来，章程共计 22 条，进一步细化了"授予对象、勋章级别、勋章授予及使用方法、勋章颁发后的管理与登记制度、勋章的撤回规定、荣誉称号滥用违反处罚"等内容。

2001 年 3 月 30 日颁布的第 173 号总统法令对上述第 458 号总统法令的第 14 条，即各级勋章的装饰纹样特点又进行了重新定义。

（五）意大利功勋荣誉表彰管理机构的
设置和运行

统管意大利共和国荣誉勋章的管理机构是专门设立的"国家礼仪与荣誉办公室"。国家礼仪与荣誉办公室下辖于"部长会议主席机构"内。所谓的部长会议主席机构，是为意大利总理日常工作提供技术支持的行政机构，相当于总理办公室，也就是我们今天俗称的总理府。

1. 机构的定位

国家礼仪与荣誉办公室的定位是"协助总理执行总体政治方向与协调工作的部门，并为总理提供技术与管理支持"。

2. 机构设置

办公室设办公室主任一名、副主任一名，办公室的所有信息均在总理府政府网站上公开。

3. 机构职能与日常工作

该办公室的主要职能包含以下四个方面的工作：外国礼仪服务、国内礼仪服务、国事访问与欢迎接待服务、勋章与纹章服务。对应这四个方面的工作，办公室分为四个小组。

其中，勋章与纹章服务组，负责预审并安排荣誉勋章授予的法令，专门负责以下工作：①颁勋会顾问的人选提名；②负责总理向总统（颁勋会第一负责人）递交的提案的准备工作；③决定各大部委分配到的年度名额指标；④安排布置荣誉勋章授予与撤回的办法；安排布置总统行使"自行救书"权所授予的荣誉称号的办法；⑤推动并协调内外交流活动；⑥负责同各大公共机构间的关系，推动同公共主体及相关个人间的制度性联系，特别是同总理府秘书长与颁勋会秘书处的联系；⑦负责意大利颁勋会荣誉勋章国家档案馆的组织与管理工作；⑧管理荣誉勋章被授予人的数据库及信息系统；⑨在向大区、行省、市、市镇、军事团体、大学及法律团体授予徽章、旌旗、旗帜和图章前做好预审工作；⑩做好文献与档案研究，以核实查明徽章的历史真实性；参考一般纹章规则与地方机构的要求，设计并制作新的徽章；⑪开展纹章符号与国徽使用纪律的技术鉴定活动；⑫负责纹章、徽章授予的总统法令的准备工作；⑬批准在意大利国土上佩戴罗马教宗的骑士勋章；⑭组织各个地方行政当局为纹章归因所举行的官方会见；⑮负责研究纹章学学科相关问题，推动同其他政府间的信息交流与合作。

（六）特点与启示

意大利的功勋荣誉表彰制度经历了漫长的历史发展，是一个相对成熟的制度，其可资借鉴的地方不少。

第一，是其较为完善的立法机制与覆盖面广泛的法规法令。勋章及荣誉称号的授予受国家立法保护，并有详细的实施细则。颁勋会的章程以总统法令的形式固定下来，奖惩分明、信息公开。意大利国家荣誉勋章的管理机构是什么，颁发对象有哪些，颁发程序怎么走，荣誉称号与勋章的撤销与撤回，勋章装饰类别、怎么佩戴、如何管理，相关法律文件，历年来的奖章获得者名单等，在意大利总理府的官方网站上都能找到，便于民众了解具体情况。这对中国的国家荣誉勋章的评选授予、宣传引导和后续管理工作，乃至群众监督等，都有较高的参考价值。

第二，是一套分工明确、运转自如的行政管理体制——设立专门的行政管理机构负责功勋荣誉表彰工作的日常事务，以及负责审查功勋荣誉表彰候选人资格的颁勋委员会。这一套专门的行政管理机构应独立于部委，有独立的资金预算。参考意大利的经验，颁勋委员会应当是功勋荣誉表彰工作的最高决策机构，其承担的主要职责应该是一些方向性、指导性的政策决议的制定。委员会应享有独立的财政预算，其决议应是保密的，直接呈送国家最高领导人。而专门的行政管理机构，即功勋荣誉表彰工作委员会办公室，则应当是功勋荣誉表彰工作的最高行政管理机构，其准确定位应当是"协助委员会执行总体政治方向与协调工作的部门，并为委员会提供技术与管理支持"，其主要职能应该是协调与统筹，承担的主要是一些事务性工作。颁勋委员会与颁勋委员会办公室是两个定位完全不同的主体，前者发挥的作用主要是组织有关专家起草、拟定相关政策，组织有关专家起草功勋荣誉表彰工作的具体法规、法令，审议候选人资格，等等。后者则主要致力于确保功勋荣誉表彰工作能够顺利开展的具体事务（如向各部委分派推荐候选人名额、起草法令提案、备案等），勋章、奖章的日常管理以及受勋人档案的保管与维护，等等。前者是后者的主管单位，后者的预算决议由前者完成。

第三，功勋荣誉机制既有进入机制，也要有退出机制。在落实功勋荣誉表彰工作的退出机制方面，首先，参考意大利功勋荣誉表彰工作的经验，在立法环节以法律的形式明确中国的功勋荣誉表彰体制机制也应该有退出机制，并细化退出机制可能存在的几种形式（主动放弃、触犯法律、突发情况等）。其次，以补充（解释）法令的形式规定退出机制的法律程序，即由谁启动荣誉称号及勋章、奖章的撤回，撤回提议的时效，受勋人自我申辩流程，颁勋委员会如何启动听证程序，法令如何撤销、《名人册》记录等。再次，以法规的形式明确受勋人因触犯法律而被撤销称号并追回勋章后应该受到的处罚的形式。最后，退出机制包含的内容也有必要进一步明确：授勋证书的作废与《名人册》个人信息的再登记；《政府公报》及公共宣传平台也应予以报道。

（杨莉　执笔）

六 俄罗斯功勋荣誉表彰制度研究

（一）俄罗斯功勋荣誉表彰制度概况

俄罗斯的功勋荣誉表彰制度被称为俄罗斯联邦国家奖励制度（Государственные награды Российской Федерации），旨在表彰公民在保卫祖国、国家建设、经济、科学、文化、艺术、教育、保健、公民生命和权利、慈善活动领域作出的杰出功绩。俄罗斯联邦国家奖励可以授予外国及无国籍人士。俄罗斯联邦国家奖励还可以授予俄罗斯联邦联合武装部队和俄罗斯联邦国民卫队、联合部队、军事组织和机构，以及军事教育机构，表彰其在保卫祖国、打击恐怖主义、维护国际和平战斗、军事训练中作出的突出贡献、表现出的英勇和无畏，以及在军事教育、科研等工作中作出的卓越贡献等。

俄罗斯的功勋荣誉表彰制度历史悠久。早在沙俄时期就已经形成了比较完整的国家奖励体系。十月革命以后，全俄中央执行委员会和人民委员会于1917年11月23日通过了《关于取消等级和文官官衔》的法令，宣布废除所有沙皇时代的勋章和奖章。但是不到一年，国内战争爆发，亟须设立专门奖励以表彰战斗中表现特别英勇的公民。为此，全俄中央执行委员会1918年9月16日法令设立了第一枚苏维埃勋章——俄罗斯苏维埃联邦社会主义共和国"红旗"勋章，授予直接参加战斗行动表现英勇的俄罗斯苏维埃联邦社会主义共和国公民。随后，根据实际需要，又陆续设立了其他勋章、奖章和荣誉称号，相关法律法规也不断补充和完善，苏联功勋荣誉制度逐渐完善。苏联解体后，俄罗斯当局在政治上改弦易辙，但并没有从根本上改变苏联时期的荣誉制度，保留了部分称号及获得者的相关待遇，同时又重新设置或恢复了部分沙俄时期的勋章和奖章。

现在的俄罗斯联邦国家奖励体系共包括：俄罗斯联邦高级称号（包括俄罗斯联邦英雄称号、俄罗斯联邦劳动英雄称号）、俄罗斯联邦勋章（共 16 项）、俄罗斯联邦徽章（共 3 项）、俄罗斯联邦奖章（共 16 项）和俄罗斯联邦荣誉称号（共 63 项）。此外，还有一项俄罗斯联邦国家奖金，也属于俄罗斯国家奖励的一个重要部分，但其组织和审议都是由总统下属的科学教育委员会和文化艺术委员会来负责，而不是国家奖励局或国家奖励委员会负责，《俄罗斯联邦国家奖励条例》也未对其相关授予事宜进行法律规定。

（二）俄罗斯勋章/奖章管理细则

1. 勋章/奖章的佩戴方式

佩戴勋（奖）章、证章、荣誉称号奖章时，要按照以下顺序：俄罗斯联邦国家勋（奖）章、苏联国家勋（奖）章、外国勋（奖）章。

通常将勋（奖）章固定在一种五边形金属板条的朝下一角上。金属板条高 50 毫米，最上端一边的长度为 26 毫米，两条侧边长度均为 39 毫米，最下方两条边长度均为 26 毫米。

如果勋章法规没有规定其他的佩戴规则，通常将有金属板条的勋（奖）章佩戴于左前胸，将没有金属板条的勋章佩戴于右前胸，荣誉称号胸章佩戴于右前胸并置于勋章之下。

佩戴多枚配有五边形金属板条的勋（奖）章时，板条上边要齐平，并相互紧贴，形成不间断的一条直线。右侧金属板条依次压住左侧金属板条的一角。

勋章获得者可以佩戴勋章绶带和勋表。勋表是一种矩形金属薄片，表面略微隆起，由相应的勋章和奖章绶带包裹。一般的勋章和奖章的绶带宽度为 24 毫米，勋表高 8 毫米。但三种最高级别的勋章——"圣安德烈"勋章、"祖国功勋"勋章和"圣乔治"勋章的勋表设计和佩戴要求有所不同。第一，这些勋章勋表的佩戴要高于其他的勋章绶带；第二，勋表高 12 毫米；第三，这些勋表的宽度不同，"圣安德烈"勋章的勋表宽 45 毫米，"圣乔治"勋章的勋表宽 32 毫米，"祖国功勋"勋章的勋表宽度依级别不同而不同，四级为 24 毫米，二级和三级为 32 毫米，一级为 45 毫米。

2. 国家奖励的法律生效

根据《俄罗斯联邦国家奖励条例》，俄罗斯联邦国家奖励可以颁发给俄罗斯联邦公民、外国公民以及无国籍人士。俄罗斯联邦国家奖励由总统直接授予，联邦国家权力机关和联邦国家机关领导人、俄罗斯联邦总统国家奖励局局长、俄罗斯联邦主体国家权力机关领导人、俄罗斯联邦总统全权代表、俄罗斯联邦大使、师长及该级别以上的军官等可以根据总统委托并以总统名义授予国家奖励。国家奖励和证书要在隆重的场合授予，并且应在总统奖励命令生效后的两个月内进行。

3. 国家奖励的收藏与陈列

俄罗斯目前没有专门的功勋荣誉纪念馆和陈列馆，根据《俄罗斯联邦国家奖励条例》，"由俄罗斯联邦国家权力机关援建的博物馆或博物馆所属的权力机关可以向俄罗斯联邦总统国家奖励委员会提出申请，在继承人同意的情况下，可接收勋章、奖章、荣誉称号证书等，用于保存和陈列"。相关领域的政策法规还包括2001年7月6日出台的俄罗斯联邦文化部《关于俄罗斯联邦博物馆永久收藏国家奖励及文件的条例》（письмо Министерства культуры РФ № 01-131/16-25 от 06.07.01 г. «О порядке приема государственных наград и документов к ним на постоянное хранение в государственные музеи Российской Федерации»）等。因此，在俄罗斯联邦的博物馆中，不仅收藏有大量当代俄罗斯国家荣誉奖章，而且还有苏联、苏联各加盟共和国甚至沙俄帝国时期的勋章和奖章等类型的藏品。例如，莫斯科克里姆林宫博物馆收藏的17世纪至今的勋章和奖章类展品就超过4600件（当然藏品不仅是俄罗斯的，也有国外的）。

4. 与国家奖励相关的待遇

俄罗斯国家奖励大多不设奖金、津贴等物质奖励，而是通过国家重视、社会宣传等形式进行精神鼓励。俄罗斯的国家最高奖励都是以总统的名义进行颁授的，通常在克里姆林宫的叶卡捷琳娜大厅举行隆重的授予仪式，总统出席、致辞，并亲自为获奖者颁发勋/奖章和证书。仪式庄严、隆重，一般通过电视新闻进行直播。除了由总统亲自授奖的最高级别国家奖励，其他获奖者也由各级主管部门和地方政府的首长根据总统的委托进行授奖。

虽然绝大部分俄罗斯勋/奖章并不设奖金，但获奖者还是享有一定的利益、特权和优待。以俄罗斯国家最高荣誉——"俄罗斯联邦英雄"称号获得者为例，俄罗斯1993年就通过了《关于苏联英雄、俄罗斯联邦英雄和光荣勋章满级获得者地位法》（简称《俄罗斯联邦英雄地位法》），并经过多次修订。该法规定，政府应采取必要措施保障苏联英雄、俄罗斯联邦英雄和光荣勋章满级获得者得到服务，保证他们的经济和社会福祉，保障他们应有的社会地位和应享有的权利和优待。该法详细规定了他们在退休保障，缴税，医疗保健，购买、建设住房或者获得公共住房，使用交通工具和支付票款，使用通信和文体娱乐服务，就业，休假，接受教育等其他方面所能够享受的优待，以及规定了按等级每月可领取津贴的标准等。

此外，俄罗斯高度重视英雄烈士权益保护立法，为保护英烈名誉，先后出台多部法令，并加强对青少年的爱国主义教育。如《卫国烈士纪念法》《关于俄罗斯军人荣誉日和纪念日》联邦法等。其中，《卫国烈士纪念法》确认了保卫祖国烈士的认定情况，明确了纪念卫国烈士的方式，并强调损毁烈士墓地、纪念碑和其他纪念设施，侮辱英雄声誉的人将受到行政和刑事处罚。

5. 国家奖励的撤销与勋章/奖章的撤回

根据《俄罗斯联邦国家奖励条例》，企业、机构、私人、国家、市政、其他所有制形式的组织的全体成员，以及地方自治机关均可提出国家奖励的申请。如果经调查核实，国家奖励候选人的推荐不可靠或者没有根据，俄罗斯联邦总统有权取消奖励命令，如果国家奖励的审核程序不合理，或获奖者的行为有损国家奖励的声誉，总统有权撤销并收回已授出的勋（奖）章、证书、胸章等。一旦颁布了取消奖励的命令，相关的勋（奖）章、荣誉称号证书及其证明文件要立即返还给俄罗斯联邦总统国家奖励局。批准推荐的相关责任人要根据俄罗斯联邦法律承担相应责任。

如果被撤销荣誉的获奖者的行为已不具备社会危害性，总统也有权恢复已撤销并收回的勋（奖）章、证书、胸章等。

6. 滥用国家奖励的惩处措施

俄罗斯执法部门发现一些机构，如"国防及安全科学院"打着国家奖励局的旗号，自行设立和颁发号称国家权威级别的奖章、奖状，破坏国家奖励秩序，造成不良社会影响。2008 年俄罗斯检察院及执法部门已对此进行了查处。另外，一些教会团体、政党和非政府组织也有类似"山寨版"的奖励，这些现象已经引起了俄罗斯相关部门的重视。

（三）俄罗斯勋章/奖章的设计与规范

1. 勋章/奖章的设计

俄罗斯的勋章、奖章、徽章和其证明书都带有编号。周年纪念奖章和荣誉称号胸章没有编号。根据级别的不同，俄罗斯勋章/奖章的材质、设计和佩戴方式均有所差异。勋章/奖章的材质一般为金质、镀金或银质的。

以下以俄罗斯最高级别勋章"圣安德烈"勋章和"圣乔治"勋章为例说明俄罗斯勋章的设计规范。

（1）"圣安德烈"勋章

"圣安德烈"勋章（Орден Святого апостола Андрея Первозванного）是俄国第一枚勋章，也是俄罗斯的最高勋章，1698 年由彼得大帝设立，1917 年，该勋章停用；经俄罗斯联邦总统 1998 年 7 月 1 日第 757 号总统令批准恢复使用，是俄罗斯最高荣誉的象征。

"圣安德烈"勋章授予对象包括为俄罗斯的繁荣、昌盛和荣誉作出非凡功绩的杰出的国家和社会活动家，科学、文化、艺术和各个领域的代表人物，以及为俄罗斯作出杰出功绩的外国首脑和政府领导人。

勋章主体为头顶王冠的黑色双头鹰（crowned black double-headed eagle），材质为银质和镀金质，表面涂有蓝色珐琅。

勋章正面雕有椭圆形斜十字，十字上面为圣徒安德烈·佩尔沃兹万内被钉在十字架上的图像。在十字的边缘分别是金色的字母"S""A""P""R"（意为俄罗斯的保护神"圣安德烈"）。勋章背面为黑色珐琅题字"信仰和忠诚"。王冠后面有用于固定绶带的吊钩。奖章的高度为 86 毫米，宽度为 60 毫米。勋章的绶带为淡蓝色丝质波纹绸，宽度为 100 毫米。

图 28 "圣安德烈"勋章

"圣安德烈"勋章在俄罗斯联邦的首次授予是在 1998 年 9 月 30 日。根据俄罗斯联邦总统叶利钦的总统令，勋章被授予为文化发展作出杰出贡献的利哈乔夫（Д. С. Лихачев）

院士。

2017 年 7 月，在中国国家主席习近平访俄期间，俄罗斯总统普京在克里姆林宫向习近平主席授予了"圣安德烈"勋章。普京表示："我非常荣幸地将俄罗斯国家最高奖章'圣安德烈'勋章授予我们最伟大的朋友，授予中华人民共和国国家主席习近平。"习近平主席表示："我将珍藏这枚象征着中俄两国人民友谊的勋章，这不仅是给予我个人的荣誉，更体现了俄方对中俄关系的高度重视，以及俄罗斯人民对中国人民的友好感情，我们对中俄关系发展充满信心。"

截至目前，只有三位外国元首获得过俄罗斯"圣安德烈"勋章，除了习近平主席之外，还有哈萨克斯坦前总统纳扎尔巴耶夫（1993 年）和阿塞拜疆前总统盖达尔·阿利耶夫（2003 年）。

（2）"圣乔治"勋章

"圣乔治"勋章为俄罗斯联邦最高军事奖励，"圣乔治"勋章最早是在 1769 年由女皇叶卡捷琳娜二世设立，共有四级（一级为最高级别，一、二级带星章，三、四级只有勋章），并标有"服役与勇敢"字样。勋章绶带为丝织波纹绸，由三黑两橙等宽相间的条纹组成。这种勋章只

图 29 "圣乔治"勋章

授予有军功的军官和将军，只能依从低级到高级的次序顺次授予。在 1855 年以前，此勋章还授予多年（25 年）完美服

役或参加过 18—20 次海战的军官。1807 年，俄罗斯设立了此军事勋章的奖章，授予作战勇敢的士兵和主官。这种"圣乔治"军功勋章奖章为银质十字章，挂在乔治带上。起初，奖章只有一级，1856 年分为四级，一、二级为金质十字章，三、四级为银质十字章。

从设计上看，一级"圣乔治"勋章有勋章和星章，勋章为金质，章体为白珐琅质地的边缘渐次变宽的等边十字章。二级勋章有勋章和星章，勋章由银镀金材料制成，被固定在45 毫米宽的绶带上。三级勋章只有勋章，十字边端的距离为50 毫米，勋章被固定于 24 毫米宽的绶带上。四级勋章只有勋章，十字边端距离为 40 毫米，勋章借助于耳座和小环被固定于被 24 毫米宽的绶带包裹的五角形板条上。

勋表上的绶带中间为黑色条纹，上有勋章星章的微型象征图像，一级为金色，二级为银色，三级为白色。

在佩戴方式上，一级"圣乔治"勋章佩戴于跨过右肩的肩跨绶带上。二、三级"圣乔治"勋章佩戴于颈部绶带上。四级"圣乔治"勋章以板条佩戴于左胸，并置于其他勋章和奖章之前。

2007 年 2 月 7 日，俄罗斯邮政为"圣乔治"军功勋章设立 200 周年发行一枚纪念邮票和一枚小型张。这套邮票由 V. Beltyukov 设计，齿孔为 12 度，小型张规格为 90 毫米 × 125毫米，小型张发行量为 9 万枚。

2. 勋章/奖章的保存与规范

《俄罗斯联邦国家奖励条例》第四部分"国家奖励的保存"（第 48—54 条）作出了详细的规定。国家奖励及其文件由获奖者进行保存。获奖者也可以在博物馆提出申请、联邦主体的行政机关批准的情况下将其转交给国立或市属博物馆予以永久保存或者展出。国家奖励的移交需签署赠予协议，已交给博物馆的国家奖励不再返还。国家奖励不得转交给非国立或非市立的博物馆，以及不具备必要保存条件的博物馆。

获奖者死亡的，国家奖励及文件由其家属或者近亲保管，在没有家属和其他近亲的情况下，国家奖励和文件交回俄罗斯联邦总统办公厅。

如果在战争、自然灾害或人力无法预防的情况下勋章、奖章、徽章、荣誉称号胸章受到损失，根据俄罗斯联邦总统国家奖励委员会的决定可以颁发国家奖励副本或者模型。在其他情况下遗失国家奖励及文件的，按照既定程序可向获奖者补发曾被授予国家奖励的证明文件。在获奖者死亡的情况下，国家奖励及文件遗失将不再补发副本或模型。

获得国家奖励的俄罗斯联邦公民、外国公民和无国籍人士，如果离开俄罗斯联邦境内，在具备奖励证明文件的情况下有权带走勋（奖）章等。获得或者被授权保存国家奖励及文件的人士，离开俄罗斯永久移居国外时，在能够证明其对于国家奖励的所有权的情况下，有权将国家奖励带出境。将贵金属制成的国家奖励带出境时，应符合俄罗斯联邦的法律规定，出境时应在报关单上注明。

（四）俄罗斯功勋荣誉表彰相关法律法规

俄罗斯功勋荣誉表彰法律体系完备。

《俄罗斯联邦宪法》为俄罗斯功勋荣誉表彰制度的建设提供了基本法律保障。《俄罗斯联邦宪法》中的有关条文对俄罗斯国家奖励作了基本的法律规定。

目前涉及俄罗斯国家奖励的法律法规主要包括《俄罗斯联邦国家奖励条例》（简称《条例》），以及每项国家奖励对

应的奖励章程和说明。1994 年 3 月 2 日出台了俄罗斯联邦第
442 号《俄罗斯联邦国家奖励条例》的总统令，对功勋荣誉
的颁授事宜作了详细的法律规定。1995 年 6 月 1 日出台了第
554 号《关于对俄罗斯联邦 1994 年 3 月 2 日第 442 号〈俄罗
斯联邦国家奖励条例〉进行修订》的总统令，对第 442 号法
令的部分内容进行了修改。随后《条例》在保持基本内容不
变的基础上，根据现实的需求经过多次修订。

最近一次比较重要的修订是 2010 年 9 月 7 日的第 1099 号
《关于改进俄罗斯联邦国家奖励制度的措施》（"О мерах по
совершенствованию государственной наградной системы
Российской Федерации"）的总统令。此次总统令颁布之后，
每年颁布多次总统令对其进行修订补充，包括 2011 年 12 月
16 第 1631 号、2012 年 3 月 16 日第 308 号、2012 年 4 月 12
日第 433 号、2012 年 5 月 3 日第 573 号、2012 年 10 月 24 日
第 1436 号、2013 年 1 月 14 日第 20 号、2013 年 3 月 29 日第
294 号、2013 年 6 月 26 日第 582 号、2014 年 7 月 1 日第 483
号、2014 年 7 月 25 日第 529 号、2014 年 12 月 22 日第 801
号、2015 年 3 月 16 日第 133 号、2015 年 4 月 1 日第 170 号、
2015 年 4 月 30 日第 219 号、2015 年 12 月 30 日第 674 号、
2016 年 12 月 7 日第 657 号、2016 年 12 月 18 日第 675 号、
2017 年 6 月 20 日第 273 号。

在总的条例之下，对应每一项国家奖励，俄罗斯也都出
台了相应的章程和说明。例如《"俄罗斯联邦英雄"称号章
程》《圣安德烈勋章颁发条例》《圣乔治勋章颁发条例》等。
这些法规和条款对俄罗斯联邦国家奖励的奖励范围，奖励对
象，享受待遇，奖章的式样、规格、材质、佩戴场合和佩戴
方式等作了详细的规定，还明确了违反法律规定应承担的
责任。

（五）俄罗斯功勋荣誉表彰管理机构的
设置和运行

1. 管理机构

俄罗斯联邦总统国家奖励委员会（Комиссия при Президенте Российской Федерации по государственным наградам）是直属于总统的宪法权力机关，其成立是为了确保俄罗斯总统在授予国家奖励和荣誉称号方面履行宪法赋予的权力。委员会的条例和组成由总统批准。委员会的职责包括：第一，审议向总统提交的授予国家奖励的呈文；第二，向总统呈报关于授予、恢复国家奖励的结论；第三，处理颁发勋章、奖章、徽章和荣誉称号的奖章副本，以及向国立或市属博物馆移交国家奖励及证书文件供永久保存和展出的相关问题；第四，研究完善国家奖励制度的问题；第五，完成总统在授予国家奖励问题上的各项委托任务。

俄罗斯联邦总统办公厅内部设有国家奖励局（Управление Президента по государственным наградам），负责国家奖励的相关事宜。国家奖励局在国家奖励方面的主要职能是：为总统在处理有关授予国家奖励和荣誉称号、颁发荣誉证书等方面问题的各项活动提供保障；在能力控制范围内执行与国家奖励和纹章徽章事务有关的联邦法律、法令及总统的命令；向总统提供国家奖励方面实施统一政策的建议；为国家奖励委员会会议、总统的法令草案、命令和指示准备材料，保障已通过的决议得到执行等。

国家奖励局的具体任务包括：审查授予国家奖励和荣誉称号的申请；准备总统国家奖励令或指示方案；起草关于国

家奖励的联邦法律和其他标准化法律文件草案；分析国家奖励法规执行情况，向总统提交年度报告；为国家奖励委员会的活动提供保障；组织国家奖励的总统授予仪式；保障国家勋（奖）章的申报、登记和递送；监督执行总统授予国家勋（奖）章的命令和指示的落实情况；登记受表彰人员名单，建立国家奖励数据库；研究、分析和总结外国经验，就授予国家奖励问题开展国际交流和对外联系；受理公民对授予国家奖励所提出的建议、申请和投诉；对联邦机构颁发勋（奖）章方案进行专家评定。

2. 授予程序

根据《俄罗斯联邦国家奖励条例》，俄罗斯境内的企业、机关、团体以及在俄境内长期定居的外国公民和无国籍人士，均可以向自己的上级主管机关推荐国家奖励的候选人，由政府各主管部门审议后向联邦国家权力机关提出推荐申请，联邦国家权力机关的领导人与相应的共和国首脑，行政区、州、联邦直辖市、自治州和自治区首脑协商统一意见后，由后者向总统提交国家奖励的推荐名单。非常住俄罗斯的外国公民和无国籍人士的推荐事宜由外交部负责。提交给总统的国家奖励名单最终由国家奖励委员会审议并报请总统批准，并由总统发布颁奖令。

大部分俄罗斯国家奖励没有固定的授予时间，随时上报，经审批后即时发布总统颁奖令。颁奖令发布之后的两个月内在克里姆林宫举行隆重仪式。少数获奖者由总统亲自授奖，大多数获奖者由各级主管部门和地方政府的首长根据总统的委托进行授奖。

（六）特点与启示

1. 俄罗斯国家奖励制度的特点

（1）以总统的名义进行国家最高奖励的评审和授予等活动

《俄罗斯联邦宪法》第 89 条第 2 款规定，俄联邦总统有权授予俄联邦荣誉称号、军事及其他专业称号；《俄罗斯联邦国家奖励条例》规定，总统办公厅下设的"国家奖励委员会"和"干部和国家奖励局"负责以国家总统的名义进行国家奖励和授勋等活动。

（2）注重传承历史传统，突出爱国主题

1998 年 7 月 1 日，叶利钦签署《关于恢复圣安德烈勋章》的第 757 号总统令，恢复了具有 300 年历史的"圣安德烈"勋章；2005 年为纪念卫国战争胜利 60 周年，特颁发"伟大的 1941—1945 年卫国战争胜利 60 周年"纪念章；2007 年 12 月 9 日，俄罗斯政府在首次庆祝"祖国英雄日"这一天时，向有战功的苏联和俄罗斯英雄授予重新恢复的"圣乔治"勋章，以提倡爱国主义精神。

（3）注重仪式，偏重精神鼓励

俄罗斯国家奖励通常在克里姆林宫的叶卡捷琳娜大厅举行隆重的授予仪式，总统出席、致辞，并亲自为获奖者颁发勋（奖）章和证书。仪式庄严、隆重，一般通过电视新闻进行直播。俄罗斯国家奖励大多不设奖金、津贴等物质奖励，而主要通过国家重视、社会宣传等形式进行精神鼓励。

（4）法律体系完备，并会根据时局变化，适时修订一些奖励条例

除了《俄罗斯联邦宪法》中有关条文对俄罗斯联邦国家

奖励作了基本的法律规定外，目前涉及俄罗斯联邦国家奖励的法律法规主要包括《俄罗斯联邦国家奖励条例》以及每项国家奖励所对应的奖励章程和说明。此外，俄罗斯还会根据国家利益和社会发展的需要，适当增设专门奖项。

（5）奖励体现广泛性与公众性

《俄罗斯联邦国家奖励条例》明文规定，国家奖励可以授予俄罗斯公民、外国公民及无国籍人士。不同奖项有其特定的授予对象，从而使不同人员都可以享有获奖机会。无论是外国友好政要，还是俄罗斯本国的显赫政商、知名人士及普通百姓，都有机会成为奖励荣获者。特别是荣誉称号的设立，极大地保障了国家奖励的广泛性和公众性。值得一提的是，2007 年 10 月，普京总统在克里姆林宫主持隆重的颁奖仪式，表彰 50 名对俄罗斯发展作出突出贡献的各界人士，其中最受瞩目的是一位普通老牧羊人米哈伊洛夫，他获得了象征俄联邦最高荣誉的"俄罗斯联邦英雄"称号和特别功勋标志——"金星"奖章。

2. 对中国的启示

第一，加强立法，在宪法中予以体现，并建立完整的国家功勋荣誉奖励制度的法律体系。根据现实的需要，加强法律的修订和补充等。

第二，重视精神鼓励，加强社会宣传，并通过法律等措施保障获奖者的地位和权益。把国家功勋荣誉作为本国、本民族世代传承的精神财富加以宣传和保护。

（高媛　执笔）

七 澳大利亚功勋荣誉表彰制度研究

（一）澳大利亚功勋荣誉表彰制度概况

澳大利亚的功勋荣誉表彰承袭了英制的诸多特点，在历经长时期的双轨之后，其于1975年被批准自主建立功勋荣誉制度，设立澳大利亚勋章，实行了近200年的英国功勋荣誉制度与英帝国的各项奖励办法随之得到废止。20世纪八九十年代，澳大利亚功勋荣誉制度体系逐步完善。根据澳大利亚政府公布的数据，目前澳大利亚现行的57种功勋荣誉奖项中绝大部分都是在这20年中建立起来的。

（二）澳大利亚勋章/奖章管理细则

为了避免政治资助因素的干扰，澳大利亚重要的奖项都有独立的委员会来主持奖项的评审工作。澳大利亚勋章（普通类）与澳大利亚勇敢勋章的评定方式相似，候选人由社会各界公开向澳大利亚荣誉与奖项秘书处提名，经相关部门的初审，交至其所属的理事会进行审议并提交总理或总督确定正式的候选人名单。国家奖章候选人的提名方式则不同于澳大利亚勋章，由个人向个人所在组织机构的主要负责人申请，对于服务期限有严格的要求。各类奖项有其不同的评定时间，且在政府大楼等处举行授勋仪式及典礼。

一般情况下，澳大利亚国立勋/奖章都是每两年评选一次，评选结果由澳大利亚政府在 1 月 26 日澳大利亚国庆日和英国女王生日向社会公布。但澳大利亚勇敢勋章的颁发没有固定时间表，通常会在 4 月或 8 月颁发，中央政府要为获奖者在政府大楼举行授勋仪式及典礼。国家奖章由澳大利亚总督授予。如果是因军功申请澳大利亚勋章、澳大利亚勇敢勋章，则由各军事单位向国防部荣誉与奖项处推荐，最终由国防部长确认提名候选人，交由澳大利亚总督最终确认澳大利亚勋章的获得者。

澳大利亚虽然没有设置专门的纪念堂与陈列馆来管理或展览勋章，但截至 2014 年 8 月，澳大利亚维多利亚十字勋章作为澳大利亚授勋制度中的最高荣誉，有 66 枚被保存并展览于澳大利亚战争纪念馆。这一勋章旨在奖励"面对敌人时，敢于作出最英勇的行动，或是表现出卓越的勇气和自我牺牲精神，或是最彻底忠于职守的人"。另外，澳大利亚建立了专门的澳大利亚荣誉数据库并向公众免费开放，所有功勋荣誉及其获得者信息等可在线检索与查阅。国家功勋簿是用来记载国家勋章和国家荣誉称号获得者名录及其功绩的。澳大利亚所有的功勋簿由荣誉和奖项秘书处负责维护，在勋章的佩戴方式、荣誉相关待遇和奖章的撤回方面有具体的规定。

1. 勋章/奖章的佩戴方式

在澳大利亚，勋（奖）章的佩戴同样承袭了英制的诸多特点。勋（奖）章通常佩戴在外套的左边，并搭配不同样式的微缩徽章、丝带栏、翻领徽章或胸针。然而，左侧并不是唯一的佩戴位置，当获奖人已故、勋（奖）章为非官方奖项或为纪念奖章时，则需佩戴于右胸之前。

各类勋（奖）章的佩戴方式因时间或场景而异。在日间，大多佩戴全尺寸的徽章，依照所参加会议或活动的具体情况配以饰物。到了晚间，在晚宴等场合中，一般佩戴微缩勋章或者全尺寸的颈部徽章。在非正式的日常场合中，往往佩戴翻领徽章或胸针。

与此同时，由于着装的差异，勋（奖）章有不同的佩戴位置与数量。以爵士与女爵士为例，当穿着全套晚礼服时，爵士将颈徽悬挂在领带下方 25 毫米处，女爵士则将勋（奖）章置于微缩勋章之下，可佩戴至多 4 枚勋（奖）章，并有其特定的摆放位置（如图 30 所示）；当穿着晚礼服时，只能佩戴至多 1 枚勋（奖）章。

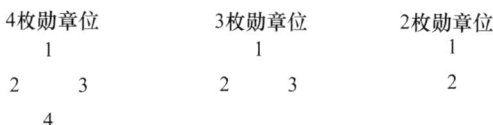

```
     4枚勋章位        3枚勋章位        2枚勋章位
        1               1               1
     2     3         2     3            2
        4
```

图 30　勋章佩戴位置示意

2. 与功勋荣誉表彰相关的待遇

1975 年英女王伊丽莎白二世批准澳大利亚设立属于澳大利亚的勋章，标志着澳大利亚本国功勋荣誉制度的开始。澳大利亚勋章设立于该年 2 月 14 日，以嘉奖那些为澳大利亚作出突出贡献的人。这个勋章分为几个等级，最高等级为澳大利亚荣勋勋章，授予为澳大利亚或全人类作出巨大贡献的人士，是澳大利亚最高荣誉勋章。次级为服务勋章，授予为澳大利亚及全人类社会作出杰出贡献的人士。第三等级为荣誉勋章，表彰在一定区域内或特定领域中有突出表现活动的个人和群体。第四等级为纪念勋章，是对值得表彰的一些人士所作出的特殊服务贡献的认可。澳大利亚勋章设立的同年，澳大利亚还设立了澳大利亚勇敢勋章和国家奖章。上述三种均为国家级荣誉，以一国之名为人颁奖，此外，澳大利亚政府还设立了一些政府级奖项，以不同的形式鼓励和表彰为国家和社会作出贡献的人员。以上荣誉称号相关待遇不明确。

澳大利亚政府级荣誉奖项主要集中在教育、科技、文化等领域，这些荣誉奖项设有奖金，如文化科技方面的总理文学奖等。

3. 功勋荣誉表彰的撤销与勋章/奖章的撤回

澳大利亚骑士/夫人勋章在 1986 年曾撤销，在 2014 年由总理艾伯特宣布恢复这一帝国勋位，饱受争议。2015 年 11 月新总理特恩布尔认为骑士/夫人称号已经不适于当代澳大利亚荣誉制度，并再次将其撤销。

（三）澳大利亚勋章/奖章的设计与规范

1. 现行勋章/奖章

根据澳大利亚政府公布的数据，目前澳大利亚现行的荣勋奖项共有 57 种，可以分为表彰军功、表彰见义勇为者和表彰在特定岗位为社会作出杰出贡献者三类。

（1）军功章类

澳大利亚的军功章主要分为以下几种性质。第一类是战争军功章，表彰在战争和军事冲突中有战功的人员或作出杰出贡献的人员。澳大利亚维多利亚十字勋章是其中地位最高的荣誉勋章，目前为止，还没有人获得澳大利亚维多利亚十字勋章。澳大利亚战时服役奖章则是同性质中级别较低的荣誉。此外还有荣誉等级和授予人数都介于前述二者之间的"杰出服务"系列奖章。第二类奖章表彰长期服役的官兵和预备役人员，由澳大利亚总督颁发。第三类是军功章，是为表彰特定战争中荣立功勋的将士的。第四类军功章表彰和平时期有杰出表现的军人。

（2）**英勇行为类**

总体来说，澳大利亚受欧洲文化影响很大。欧洲由于具有骑士传统，所以社会特别尊重勇士行为。受这种文化影响，澳大利亚也设立了不少表彰英勇行为的勋章、奖章。分个人、集体两种。这些奖励也分级别。

还有一类授予具有特殊英勇行为的军人的奖章，可以归为此类（也可以归为军功章类）。1991年，澳大利亚政府还设立了集体英雄嘉奖奖章和集体嘉奖奖章，授予在军事行动中表现英勇的英雄集体，该奖的设立借鉴了美国的相关制度。

（3）**专业领域突出贡献和特别贡献类**

澳大利亚国家级专项奖励勋章，专门奖励在某个领域内为澳大利亚社会稳定和发展进步起到显著积极作用的人士。

1986年设立的澳大利亚警界奖章是1975年后澳大利亚政府设置的第一种专门奖励在某个领域内有突出贡献的勋章，用于表彰警界有突出贡献的人士。警界奖章由各州、领地的行政长官提名，由澳大利亚总督批准颁发。又如1999年设立的救护奖章，专门表彰在救护护理工作中有突出贡献的人士。这类奖章一般每年颁发一次，在国庆日或英女王生日颁发。这类专项奖项的设立往往有国家政治或文化上的诉求。另外，像世纪奖章设立于2001年，旨在表彰20世纪为澳大利亚社会作出贡献的人士，当年又时值纪念澳大利亚联邦成立100周年，更显得有意义。

（4）**澳大利亚勋/奖章**

1975年设立的以上四种勋章没有特定名目和对象，可以广泛授予各行业领域的人士，也可以授予为全人类作出重大贡献的非澳大利亚籍人士，不过只授予在世的人，不授予已经去世的人。与其他三大类功勋荣誉的不同还在于它们是整个澳大利亚功勋荣誉奖章体系中历史最悠久的、最具基础性的奖章，其他奖章都是从它们的基础上经过细分、增补而来的。

2. 外形设计与规范

奖章设计师可能来自创意公司或参与设立该荣誉奖项的组织。比如设计人道主义海外服务奖章和百年纪念奖章的Balarinji 创意室，是澳大利亚本土著名的艺术和设计工作室；而澳大利亚勋章、澳大利亚勇敢勋章和国家奖章的设计则出自设计师 Stuart Devlin 之手。

设计师们的任务是在设计中体现荣誉奖项的意义或精髓。如目前澳大利亚授予数量最多的奖章——澳大利亚国防奖章。国防奖章是一枚圆形的铜镍奖章，正面的中间是澳大利亚联邦的国徽，顶端刻着"澳大利亚国防奖章"（THE AUSTRALIAN DEFENCE MEDAL）的字样。奖章背面的顶端是圣爱德华王冠，中间刻着"为了服务"（FOR SERVICE）的字样，周围环绕着一个花环。奖章绶带的颜色包括黑色、红色，以及将红色部分一分为三以分别代表海、陆、空三军的两条白色条纹。

荣誉与奖项秘书处和国防部负责对奖章的烧铸过程进行管理。

（四） 澳大利亚功勋荣誉表彰相关法律法规

澳大利亚功勋荣誉制度虽然有着一套严格的评选标准和

评选程序，但并没有一部完整和全面的成文立法。每一项勋章或奖章都制定单独的规章，对奖励的条款和条件，包括奖牌设计和资格标准等作出明确说明，女王特许状和相关规章制度发布在《澳大利亚政府公报》。需要强调的是，在荣誉称号的法律生效方面，经过长期的发展完善，澳大利亚形成了一套完整的奖项设立、评选体系。奖项设立由政府相关决策部门提出新荣誉奖项开设的相关方案，呈交至总督府、总理、内阁办公厅及其他党派进行审议，审议通过后，提请英国国王（女王）签署特许状并宣布正式生效。

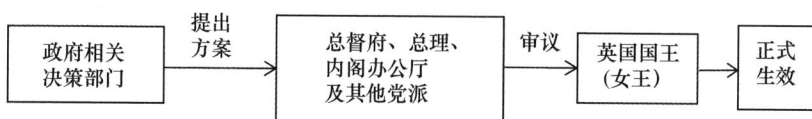

图31　奖项设立流程

（五）澳大利亚功勋荣誉表彰管理机构的设置和运行

1. 勋章的设立与颁发机制

1931年威斯特敏斯特法令通过后，澳大利亚成为一个独立的主权国家，但仍保持着同英王的联系，英王依然是国家的象征。因此，英国国王（女王）在澳大利亚功勋荣誉制度体系中占有较为特殊的位置。从勋（奖）章的设立到颁发都有英国国王（女王）的身影。澳大利亚国家级的勋（奖）章，例如澳大利亚勋章，都要由英国国王签署特许状后才算正式设立。原则上，新的勋（奖）章的设立也要征询女王的同意后，才能提交相关部门审议。澳大利亚政府颁发的国家级勋（奖）章绝大多数的授奖仪式、典礼也设在女王生日举行。但是，英女王对澳大利亚勋（奖）章的设立并不起实质性的作用，只是在名义上签署授令颁发。

澳大利亚总督是英女王在澳大利亚联邦的代表，代表女王行使澳大利亚联邦的行政权，是澳大利亚名义上的国家首脑。在澳大利亚，绝大多数的国家级荣誉奖项由澳大利亚总督签署颁发，以表示中央政府对荣誉奖项的重视。

在澳大利亚，总理是政府实际上的行政首脑，负责内阁及政府的事务管理工作。澳大利亚绝大多数的勋章奖项的设立由总理宣布或提议设立。

2. 勋章的主要管理机构

澳大利亚功勋荣誉表彰的主要管理机构有三个。一是荣誉与奖项秘书处。该机构设立于1975年，直接隶属于堪培拉澳大利亚总督府办公厅，是协助总督处理总督职权范围内与澳大利亚功勋荣誉制度有关的各方面事务的机构。

秘书处还是澳大利亚勋章理事会和澳大利亚勇敢勋章理事会的日常事务处理机构。具体负责审查这两项荣誉勋章申请人的候选人资格，在此基础上，拟出候选人名单，呈交理事会审议。秘书处的秘书长同时担任这两个理事会的秘书长。

荣誉与奖项秘书处在澳大利亚很多重要荣誉奖项的评选能够保持高水准、高质量方面起着非常重要的作用。荣誉与奖项秘书处全权负责审议申请人的各项相关资料，包括他们的个人信息、所取得的成就，负责向委员会推荐勋（奖）章的候选人及其应获得勋（奖）章的等级。各类奖项结果的最终确认工作也由秘书处负责。由此可见，秘书处责任重大。

除负责上述两项勋章奖项的评选工作外，荣誉与奖项秘书处还负责澳大利亚功勋荣誉系统中40多项勋（奖）章评选的日常事务处理工作。包括各类勋（奖）章提名人的资格审查工作，提请总督签署颁发奖项，保证授奖人及时准确地获得勋（奖）章，及时制作勋（奖）章，保证颁奖典礼顺利，制作荣誉证书等。

二是总理及内阁办公厅下属的奖项与文化处。该机构属参政议政机构，主要职责是提高社会对荣誉奖项的认识，让更多的人了解各类荣誉奖项，增强全民的荣誉感和责任感。该机构还负责提供有关国家象征物，如国歌、国旗等的信息，并负责管理海外人道主义服务奖章、越南后勤与保障奖章和"平民服务奖章1939—1945"等奖项的评选认定工作。奖项与文化处还是公众服务勋章管理委员会的秘书处，协助公众服务勋章管理委员会完成公众服务勋章的评选工作，负责其日常事宜的处理工作。此外，奖项与文化处还负责授予外国人澳大利亚荣誉奖项的管理工作，同时负责澳大利亚人接受国外奖项勋章的协调沟通工作。

三是国防部下属的荣誉与奖项处。它是负责管理军队荣誉奖项的机构。其主要职责有两个：第一，提供设立修改各类军功章的信息意见；第二，负责处理澳大利亚勋章（军队类）、澳大利亚勇敢勋章（军队类）、各类军功章、各种奖励长期服役勋章等奖项评选的日常事务工作。

（六）特点与启示

澳大利亚功勋荣誉表彰制度经过一个从殖民地时期使用英制，到独立后开始建立自己的勋奖体系但与英制共存，最终发展出自己独立的勋奖体系和勋奖制度的过程。经过30多年的实践，目前澳大利亚功勋荣誉表彰制度体系呈现出如下特点。

第一，涵盖面广。澳大利亚功勋荣誉奖项几乎涵盖了各行各业。军人、政府高级官员、商界人士，普通公民、学者专家、教师、医疗工作者甚至学生等都有机会获取各类国家级的功勋荣誉奖项。这大大鼓舞了澳大利亚民众投身自己热爱的事业，为国家、社会作贡献的热情。特别值得注意的是，澳大利亚政府特别重视为国家的建设和安全默默奉献的人士。例如国防服务奖章和国防长期服务奖章的授予，就是颁发给在澳大利亚军队服役满15年以上的普通士兵和基层军官。这大大坚定了军人安心本职工作的决心和意向，增强了普通军官士兵的责任感和使命感。

第二，设置合理。澳大利亚勋奖章体系设置比较合理，通过澳大利亚勋/奖章来奖励全国公民中具有突出贡献者，同时又提供面向专业领域的国家级奖项，进一步鼓励公共服务领域从业人员。政府级奖项规格较低，但奖励范围更加明确，尤其重视对科教文卫领域的奖励。在军功章中则有分别面向高级军官、士官、普通士兵、全体官兵的不同奖章。

第三，层级分明。重要的国家级荣誉如澳大利亚勋章和勇敢勋章都分为四个等级，而军功章则多分为三个等级。军功章的分级有时非常细致，即使是同一种勋章，在勋章的绶带上也会标出军功的大小，例如国防长期服务奖章的获奖者每多服务五年，其奖章绶带上就会多一个配饰。

第四，高层重视。澳大利亚政府十分重视国家和政府荣誉勋章制度建设和实施。奖项的设立都经过前期充分规划、论证，然后由政府总理提议，经国家实际（总督）和名义元首（英国女王）批准方能生效。在日常管理方面，又分别设立专门部门来保障整个功勋荣誉制度的运行，并做到分工明确。勋章一般在国庆日或女王生日等国家重要节日颁发，国家领导人往往会出席颁奖典礼并亲自为获奖者颁发勋章。

第五，不断完善。澳大利亚功勋荣誉表彰制度是不断发展的体系，总体来说是不断细分层级和对象，同时又注意保持颁奖规模以维持功勋荣誉的价值。总的来看，面向普通公民的奖章数量总量不多，突出体现其含金量，而军功章则较多，保证对军人的充分激励。

第六，宣传得力。澳大利亚非常重视勋章荣誉的宣传工作。每项新奖项的设立都要通过媒体特别是网络媒体向全民公示，国家相关机构也要对奖项、奖章的颁发作充分的宣传工作。澳大利亚政府还刊印题名为《荣誉》的半年刊，专门介绍宣传当年各项荣誉获得者的基本情况。

澳大利亚功勋荣誉表彰制度对中国的启示是：

第一，国家最高荣誉应当由国家最高领导或最高机构设立，并选择重要的节日举行隆重的仪式进行颁授，如国庆节、春节等。这样既能充分体现出国家荣誉的权威性和崇高地位，也能显示国家对功勋荣誉的高度重视，有益于在国内外提高中国国家荣誉的声誉。

第二，制定详细的相关法律、法规和选拔评审章程，并设立具有权威性的高级别管理委员会，对目前多头管理的现状进行整合，为勋章的设立与授予、候选人的选拔与资格审核、受勋者的管理等一系列活动提供规范的法律和制度保障。

第三，荣誉的设置要合情合理。首先，数量要少而精。其次，涵盖面要广，要覆盖社会主义建设的各行各业。最后，要具有等级性。一方面，可以根据贡献的大小授予不同级别的国家荣誉；另一方面，预留一定的上升空间，以便激励已获得荣誉的人继续努力追求更大的进步。

第四，积极宣传，扩大影响力。充分利用电视、网络、广播、报纸等主要媒体对国家功勋荣誉的设立、授予情况等进行宣传，创办专门的政府刊物。一方面，加强普通民众对国家勋章的了解和认识，力图将其发展成为一种民族认同，使其真正成为社会道德价值的核心，形成社会凝聚力和向心力；另一方面，提高国际知名度和影响力，使授勋章成为加深与他国友好关系、对外进行文化输出的一大途径。

（唐磊　执笔）

八 日本功勋荣誉表彰制度研究

（一）日本功勋荣誉表彰制度概况

现代日本拥有一套完整的功勋荣誉表彰制度，称为"荣典制度"。"荣典"主要包括授予生者的"勋章"和"褒章"，以及授予逝者的"位阶"三大类别，并形成了相应的制度体系。勋章多表彰那些常年不懈所累积的功绩，设立最早，目前日本荣典制度中最高等级的菊花章就是为此而设。此外还有瑞宝章、宝冠章及文化勋章。授勋分为春秋授勋、危险工种从业者授勋、高龄者授勋、死亡授勋、外国人授勋。不同于勋章，褒章的授予则可因一件特定的功绩、针对具体的行为进行表彰。根据功劳的不同，如为表彰舍己救人、志愿活动、业务模范、发明创造、克己奉公、慈善捐赠等事迹突出的个人，分别授予红绶褒章、绿绶褒章、黄绶褒章、紫绶褒章、蓝绶褒章、黛绶褒章，以及颁给已经获得过褒章又在同领域取得成就的个人的饰版和授予集体的奖状。1978 年，日本政府正式确立"春秋叙勋"制度，在每年的 4 月 29 日和 11 月 3 日分别举行授勋章和授褒章仪式，由天皇亲自出席，并由宪法载明，成为一项重大国事行为。2003 年以来，"春秋叙勋"开始采取"一般推荐制"，即普通民众可以在满足基本条件的基础上推荐自己认为合适的任何人，这大大提升了国家授勋制度的参与度、扩展了覆盖面，有效提升了授勋表彰活动的激励度和产生的凝聚力，在国民中影响深广。

（二）日本勋章/奖章管理细则

1. 授勋对象与选拔标准

为适应国家和社会发展的需要，日本针对荣典制度的相关举措进行了不断的调整和改革，包括选拔办法、授予门槛、勋章等级等，相应地也衍生出了一系列的管理细则。以目前国家级授勋仪式中影响最广泛的"春秋叙勋"为例，其专门针对那些活跃在少为人关注的领域以及多个领域的重大贡献者进行授勋。根据"一般推荐制"，普通民众可以在内阁官方网站推荐自认为合适的人选，但候选人须年满70岁，不过长期从事工作环境恶劣或难以受人关注的工种的候选者年龄限制可放宽到55岁。与此同时，候选人所取得的功绩不得属于以下三种的任意一种，即：第一，在日本国宪法施行日期前的活动；第二，在1964年以来的春秋授勋中已获表彰的；第三，所获功绩仅限于作为公务员而取得的。满足这些条件后候选人还需取得一名推荐人和两位赞同人的推荐（推荐人和赞同人均须年满20岁，且不得推荐本人或本人二代以内的亲属），之后再以书面形式向日本各县（相当于中国的省、自治区一级）秘书处提交申请。因每年度的"春秋叙勋"时间相对固定，因而原则上申请时间也应为上一年的9月中旬和3月中旬前后，最后交由内阁府下设的赏勋局统一核准确定。这一制度可以使更多不为人关注行业或工种的奉献者成为授勋候选人，也有利于进一步拓宽荣典制度的覆盖范围，激发全社会向上。

2. 勋章佩戴十条规程

根据 2003 年 11 月 2 日日本政府颁行的《勋章佩戴规程》，具体的佩戴均须依循以下十条规程。

第一，关于佩戴场合，应主要佩戴于国家、地方公共团体及其他公共机构举行的正式仪典等场合。

第二，关于佩戴时的具体着装，男性应着燕尾服、女性应着高领晨礼服或落肩晚礼服，抑或相当于此的制服。不过宝冠藤花、杏叶、波光章，旭日小绶、双光、单光章，瑞宝单光章，以及褒章和其他荣誉证书的颁奖场合穿戴日常服装亦可。

第三，大绶章的特殊佩戴方法，大绶章均为各类勋章中特别尊贵的荣誉，包括大勋位菊花大绶章、宝冠大绶章、桐花大绶章、旭日大绶章和瑞宝大绶章，因有副章和略绶配套为一组，穿戴时尤为讲究。

第四，旭日重光章与瑞宝重光章的佩戴，两种重光章可视情况省去佩戴副章。

第五，勋章等的并用方法，若获颁勋章、褒章等多项荣誉，受勋者应在左胸依次佩戴勋章、褒章及其他徽章。

第六，当需要佩戴两种以上的勋章时，按照授勋时间的先后，后授予的勋章应佩戴在先授予的上方。

第七，当需佩戴两种以上褒章或两种以上的其他徽章时，根据其各自授予顺序依次佩戴。

第八，获颁国外勋章时，佩戴方法遵照"入乡随俗"原则。

第九，同时拥有日本政府和其他国家授予的勋章的，在佩戴他国勋章的同时也应佩戴日本政府所授勋章。

第十，同时佩戴由日本政府和他国政府所授勋章时，应遵循先佩戴日本国勋章，再佩戴外国勋章，之后佩戴日本政府所授褒章或其他徽章，最后佩戴相当于日本的褒章的其他国家的奖章。

3. 勋章的保存与纪念

在国家层面，除了根据上述"一般推荐制度"提名和经由内阁府赏勋局核准确定授勋者名单并面向社会予以公布外，日本政府并未出台功勋登记制度（如我们熟知的功勋簿）。同样地，日本政府亦从未设置任何纪念堂或陈列馆等"有形"场所来保存勋章等荣典制度有关的荣誉奖章。可以说，授勋仪式一旦完成，相关勋章、证书、奖章等也将由受勋者个人或集体独立保存，除受勋者本人享有这一殊荣外，其子女亲属等不得继承，也不伴随任何特权。受勋者本人可以借助民间组织的推动，"自下而上"地发起有关宣传纪念活动。如设立于1968年的"日本叙勋者协会"是目前日本唯一的全国性受勋者组织（包括褒章在内），该协会在官网最显眼处展示了其成立和运营宗旨，即"永远纪念受章的荣誉"。"叙勋"的意思就是授勋章或授褒章，相对应地，"受章"便是接受这份荣誉。协会通过开展国际交流、慈善捐助、隔月发行机关报《叙勋》，以及出版"受章者"名册、语录集、个人自传等方式在社会上广泛宣传荣誉勋章的价值。特别是作为一个世界知名的高龄化社会，加上对"受章者"年龄较高门槛的规定，日本叙勋者协会充分发挥会员本身的年龄和社会资源优势，在国内开展巡回演讲、慰问养老中心等积极互动，不断拓展社会影响力。

4. 勋章的遗失与补发

鉴于勋章、褒章等颁出之后均由受勋者个人或集体自行保存，一旦出现不慎遗失或破损等状况，受勋者可向内阁府赏勋局申请出示相关证明，文书邮寄费用由遗失者自行承担。遗失者也可自费另行补制勋章，程序上需要先向赏勋局提交申请，同时出示已受勋证明，再由赏勋局委托造币局制作，相关申请资料均可在内阁府官网自行下载。但需要特别强调的一点是，受勋者若无任何正当理由，内阁府赏勋局即无法提供任何受勋证明或另行补制勋章。

（三） 日本勋章/奖章的设计与规范

按照现行的内阁府赏勋局的相关规定，目前日本荣典制度中最主要的构成，亦即用于表彰生者的勋章主要分为五大类：第一类，大勋位菊花章，其下又分"大勋位菊花章颈饰"（顾名思义，形似项链）和"大勋位菊花大绶章"，菊花在日本的象征意义极为尊贵，常被用于天皇的家徽，也因此菊花章代表着顶级的荣誉勋章；第二类，桐花大绶章，等级上较之大勋位菊花章稍次；第三类，旭日章，其下又细分为6种，分别是旭日大绶章、旭日重光章、旭日中绶章、旭日小绶章、旭日双光章、旭日单光章；第四类，瑞宝章，它也同样细分为大绶章、重光章、中绶章、小绶章、双光章和单光章6种；第五类是文化勋章，专为表彰那些文化艺术领域成绩杰出之人。值得一提的还有一种专门授予外国女性的宝冠章，等级最高的宝冠章名为"宝冠大绶章"，另配有副章，同时又根据古代宫廷女官官服的徽文在勋章的纽扣纹饰上设计了五种宝冠章，即牡丹章、白蝶章、藤花章、杏叶章和波光章，加上大绶章，其与旭日章、瑞宝章两个系列同为6种。根据日本内阁府的最新数据，2017年秋季授勋共颁出各类勋章合计 4103 枚，其中包括旭日章、瑞宝章在内的大绶章，以及由等级高到低的重光章、中绶章、小绶章、双光章和单光章。

除了形同项链的大勋位菊花章颈饰外，每个种类中等级较高的"大绶章"都由正章、副章和略绶三部分组成，以正章为中心，副章佩戴于右下方，略绶在左下方。此外还有相应的证书，以说明授勋的理由。一般来说，正章在穿晨礼服或燕尾服参加重大仪式时佩戴，副章在穿西服或制服参加一般性活动时佩戴，略绶则是将勋章简易化、别在勋章左侧的圆形饰物，使用场合广泛。与勋章相比，为表彰特定功绩而设的褒章种类则相对简单，即红、绿、黄、紫、蓝、黛六色，另加金、银两种版饰。六色褒章除了正章外，均同时配有略绶，与勋章的佩戴规则一样居于左下方。

勋章的材质、设计、样式、佩戴礼仪等都是体现荣誉等级的重要载体和展现形式。不管是等级最高的大勋位菊花章，还是等级相对较低的旭日章、瑞宝章、宝冠章，抑或是更普通些的褒章、证书等均由内阁府赏勋局委托财务省下设的造币局统一制作。

大勋位菊花章颈饰是日本最高等级的勋章，形似项链，故名"颈饰"。环正中为圆形直径 3.9 厘米的菊花，花为纯金，叶为绿色景泰蓝，下坠"大勋位菊花章"，无绶带。连环由 2.8 厘米×2.4 厘米的纯金椭圆形菊花和同样用纯金打造的古篆体汉字"明""治"组成，叶为绿色景泰蓝。

桐花大绶章、旭日大绶章、瑞宝大绶章（图 33 从左至右）的设计也各有讲究。

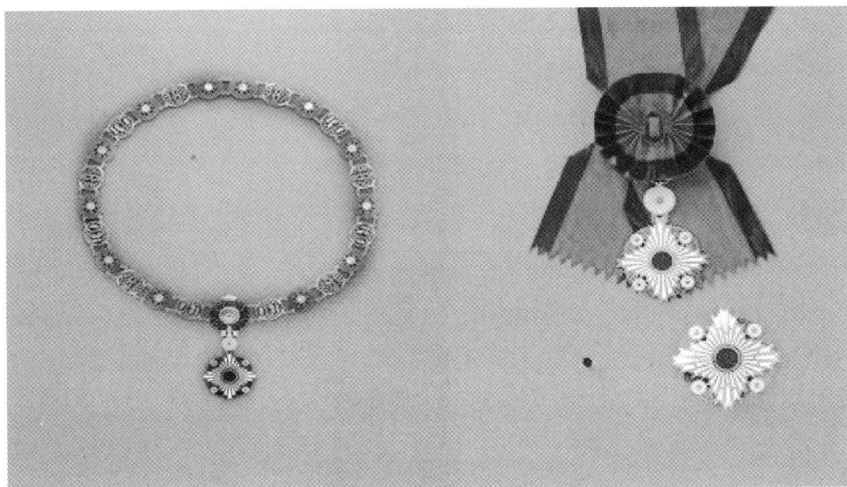

大勋位菊花章颈饰　　　　　　大勋位菊花大绶章

图 32　大勋位菊花章

图 33　三种大绶章

（四）日本功勋荣誉表彰相关法律法规

从 1875 年日本以太政官布告形式颁发赏牌开始，日本近代的国家级功勋荣誉制度已实施了 145 年，但无论是过去还是现在，日本都未形成一部有关国家功勋荣誉制度的法律。

勋章等的颁发与管理通常以天皇"敕令"的形式进行。日本现行的荣典制度除了在顶层设计上依据宪法第十四条作出规定,指明叙勋乃天皇国事行为,以及任何荣典均不伴有特权、效力仅限于受勋者本人外,其余一切针对荣典制度的管理均由内阁及其下属部门通过颁发行政命令等来进行,内阁府赏勋局官网对此共列出了四大类:第一类为政令,即以内阁名义发出的行政命令,如《勋章制定之事宜》《文化勋章令》《褒章条例》《勋章佩用式》《勋章褫夺令》等8项;第二类为内阁府令,即由内阁下属特定部门发出的命令,有《关于确定各类勋章及大勋位菊花章颈饰的样式及形状的内阁府令》《关于确定褒章样式及形状的内阁府令》《勋章褫夺施行细则》等4项;第三类为内阁府告示,这也是由内阁下属机构发布的,有《勋章等佩戴规程》《略绶略章佩戴规程》等4项;第四类为内阁会议通过的决议(有"决定"和"了解"两种形式)和内阁总理大臣的决定,后者一般针对相关机构与职位的设置,均不属于正式的政令,例如,《关于荣典制度的改革》《勋章的授予标准》《关于勋章及文化勋章各受勋者的选考手续》《勋章、徽章、褒章等的授予及传达式例》等12项。

1. 关于受勋者的殊荣与责任

《日本国宪法》第十四条规定,"荣誉、勋章以及其他荣誉称号的授予,概不附带任何特权。授予的荣誉称号,其效力只限于现有者和将接受者一代"。日本文部科学省(涵盖了相当于中国教育部、文化部和科技部的职能)专门设立了"文化功劳者"称号,从文化勋章获得者中进一步遴选出功绩卓著者,颁发终身年金,获奖者可每年享受350万日元的年金。

日本宪法还明确规定各类勋章、奖章等荣誉称号不带有任何特权。且有下列情况之一的，原则上也不得参与叙勋：第一，警察官、检察官等正在接受公正调查委员会调查、处分未定的；第二，针对候选者本人或与其有关的法人的刑事诉讼正在进行和审判中的；第三，针对候选者本人或其相关法人的公正调查委员会的有关审理正在进行的；第四，有犯罪前科，且定罪后未满一定时期的；第五，候选人自身或其相关法人接受公正调查委员会审查，且审查结果确定后未满一定时期的；第六，候选人自身或其相关法人存在污染环境、人事事故等问题，相关补偿措施尚未完结的；第七，被报纸、周刊杂志等媒体曝光的有损国民感情的。

2. 勋章的褫夺

为了确保国家授勋的至上与公正，除了筑牢上述的事前"防火墙"外，日本政府同样严格拉起了事后追责的"铁丝网"。早在1908年日本政府就颁布了《勋章褫夺令》，现行的《勋章褫夺令》由内阁于2016年颁行。依据该法令，受勋者被处以死刑、徒刑、无期禁锢（禁锢是指入狱服刑，但无须强制劳动）和三年以上有期禁锢的，均予以褫夺勋章，已获他国勋章的也一并取消其佩戴资格；受勋者有下列四种情形之一的，视具体情况或褫夺其勋章，或禁止其佩戴他国勋章。一是受勋者被判刑或被处以缓刑的。二是被处以三年以下禁锢的，三是接受相关处分被罢官或免职的。四是因行为举止不当有损其勋章荣誉的；受勋者因触犯法令被拘留或服劳役期间不得佩戴勋章，同样取消其佩戴他国勋章的资格，此条也适用于保释、假释等情形。被褫夺者荣誉取消，所获勋章、奖牌、证书等悉数收回。《勋章褫夺令》的相关规定也同样适用于褒章、其他徽章等荣誉的褫夺，以及他国勋章的佩戴资格。2011 年 6 月人民网曾转译日本《读卖新闻》的报道称，一名曾在当年度春季授勋中经国土交通省推荐、并获得黄绶褒章的某公司社长，因被举报与黑社会有染，经内阁会议商讨后内阁府赏勋局表示"已掌握其不符合授勋资格的相关证据"，故而取消了该社长的资格。另据相关统计，2003—2010 年 8 年，共褫夺勋章 8 件、褒章 10 件，平均下来不管是勋章还是褒章，每年均有一起褫夺案例。

（五）日本功勋荣誉表彰管理机构的设置和运行

为贯彻宪法关于荣典制度的"顶层设计"精神，日本政府设立赏勋局作为内阁的内部机构，专司与荣典制度有关的事务。赏勋局与大臣官房、政策统括官、男女共同企划局及冲绳振兴局同为内阁府的内部部局（类似于中国行政机构中的厅局级机构）。根据《内阁府本府组织令》的有关规定，赏勋局设总务处及三名审查官，总务处主司五项职能：其一，赏勋局所辖事务的综合协调；其二，荣典制度有关政策方针的规划制定；其三，勋章等的传达；其四，证书、褒章等其他证明文书的定制；其五，除前述各项事务外，赏勋局所辖事务中未明确由其他具体部门负责的所有事项。审查官的职责则有两个：一是负责审查总务处管理范围之外的勋章等的授予及剥夺；二是主理与国外的勋章、证书等有关的授领及佩戴等事宜。春秋授勋流程中，先由各县秘书处或总务处汇总申报信息报赏勋局，赏勋局接到各地推荐后，与相关部门进行具体磋商确立初步名单，再经审查、内示、内阁会议决定等几个环节选出终选者并公布和授勋。不过需要注意的是，针对死者授予的"位阶"在实际中的主管部门是大臣官房下属的人事课，而非赏勋局。

为了进一步扩大荣典制度的民意基础，广泛听取民众意见，日本政府在正式的行政架构之外，还专门从社会各界选出了 10 位"有识者"，聘期三年，由其担任专门的荣典制度顾问，负责建言献策，畅通民意。现任"荣典制度相关有识者"主要有：原内阁官房副长官漆间严，原东京大学校长、现三菱综合研究所理事长小宫山宏，以及北海道知事、立教大学社会学部教授、关东大学国际文化学部教授等。

（六）　特点与启示

日本的荣典制度至今已有 145 年的历史，纵观其形成、改革与发展的轨迹，一些已被时间与实践证明行之有效的可为我们所借鉴：一是治国方略，举国重视。日本的荣典制度从设立起就同民族的命运相关，与国家的发展目标相连，是社会道德的指向标和举国关注的国事。天皇直接参与授勋，政府各级首脑颁布勋章褒章，舆论聚焦报道，民间有关人士设宴庆贺。这些活动对国家的发展、民族的振兴都形成了动力。二是政策持久，制度稳定。日本目前实行的荣典制度将创立伊始颁布的"太政官布告""敕令"等历史上文件承继至今，且融入了历史发展的各个阶段，成为渗入日本民族价值观的重要组成部分，这也为荣典制度的稳固发展注入了强大生命力。三是重名轻利，不设特权。日本国家级的功勋荣誉表彰完全是一种荣誉性的活动，是对获奖人勤恳工作、为国家和公共事业作出突出贡献的表彰认可，不附带任何物质方面的奖励，获奖者也没有任何可以借此享受的特权。这一点在日本国宪法第十四条中有明文规定。四是面向最广大民众，深入人心。日本在 1875 年创立的功勋荣誉制度，主要对象是政府官员和军人。这是因为明治维新政府实施的是"富国强兵"的政策，荣誉表彰制度也服务于日本政府的这一政策。1945 年日本宣布战败，1947 年制定了被称为"和平宪法"的新宪法，开始走向和平发展之路。在最初的有关授勋的文件中，日本依然有重视政府官员政绩的倾向。1964 年日本全面恢复功勋荣誉制度后，把各行各业的优秀人物纳入表彰范围，成为鼓励全民为国效力、振兴民族的重要手段。延续了半个世纪的春秋两次大规模授勋，积极面向全社会和各个阶层，自 2003 年以来更是推行任何人可以举荐和被举荐的"一般推荐制"，将国家授勋活动的凝聚力与影响力发挥到最大限度，也使得这项政策举措真正深入民众的日常生活、扎根民心。五是有所倾斜，成风化人。日本的功勋荣誉制度面向日本全社会，设计非常全面，覆盖各个阶层和各行各业。无论是在什么岗位上工作，只要兢兢业业，积累一定功绩，都有叙勋的机会。2003 年改革颁行新的荣典制度方针，尤其注重对不引人注目的工作岗位上的优秀人物和从事高危作业的人士给予"政策倾斜"，提醒民众勿忘平凡中的伟大。同一年设立的"一般推荐制"最大限度降低举荐人与被举荐人的门槛，也同样是为了不遗漏任何可能的功绩者，充分激发社会正能量。

（袁静　执笔）

九　韩国功勋荣誉表彰制度研究

韩国现代功勋荣誉表彰制度的雏形形成于 19 世纪末 20 世纪初的朝鲜王朝末期。1910 年日本帝国主义吞并朝鲜半岛以后，当时的功勋荣誉表彰制度逐渐被废止。1948 年大韩民国政府成立后，国家的功勋荣誉表彰制度开始进入正常的发展时期。在过去 70 年的时间里，韩国的功勋荣誉表彰制度及运行管理经过多次修改、补充、整合和完善，最终形成了现行韩国国家功勋荣誉表彰制度及管理运行体系，并在促进韩国国家经济社会发展过程中发挥了积极的激励作用。

（一）韩国功勋荣誉表彰制度概况

韩国政府非常重视国家功勋荣誉表彰制度的建设和发展，并将其作为国家实现行政目标的重要手段之一。为指导、规范和保障国家功勋荣誉表彰制度的建设、发展和正常实施，韩国政府先从法律法规层面入手，先后颁布了《赏勋法》《赏勋法施行令》《政府表彰规定》等各种勋章法令。这些法律法规构成了韩国现行功勋荣誉表彰制度的基本法律法规框架，对韩国功勋荣誉表彰制度的构建、发展和实施发挥了关键性的指导作用。

韩国现行功勋荣誉表彰制度分为政府授勋和政府表彰两

大类。政府授勋依据《赏勋法》和《赏勋法施行令》，对为国家和经济社会发展作出杰出贡献的本国和外国人授予勋章或奖章。政府表彰依据《政府表彰规定》对为国家和经济社会发展作出贡献的本国人和外国人，以及在教育、各种比赛和作品创作等方面取得优异成绩的人进行表彰。勋章和奖章按照社会各个领域分为十二个种类，这十二种勋章和十二种奖章之间没有等级差别。政府表彰则是奖章下一等级的褒奖，分为总统表彰、国务总理表彰、中央行政机关首长表彰和各级机关首长表彰。

（二）　韩国勋章/奖章管理细则

韩国的《赏勋法》第二十七条对勋章的制式和规格进行了明文规定，如：无穷花大勋章由颈式勋章和大绶带组成的正章，以及副章、略章和胸章组成。一等勋章授予大绶带；二等和三等勋章授予中绶带，但二等建国勋章和修交勋章授予大绶带；四等和五等勋章授予小绶带。一等、二等勋章都有正章、副章、略章、胸章；三等（建国勋章除外）、四等、五等勋章有正章、略章和胸章，但没有副章。奖章授予小绶带、正章、略章和胸章。勋章的正章、副章、略章、胸章、颈饰、绶带的形态、尺寸、颜色、材料等由总统令规定。科技勋章和奖章的制式和规格由总统令规定。《赏勋法》第三十二条至第四十条，对勋章的佩戴、保管、展示、待遇等事项进行了详细规定。

（三）　韩国功勋荣誉表彰的具体运作

韩国的功勋荣誉表彰评选以定期评选为主，以不定期评选为辅。功勋的推荐和评选通常都是在年底、国家的国庆日以及建军节等其他重大节庆日时进行。不定期的评功评奖通常在某一重大项目完成，政策评估、重大检查以及作品大赛结束时进行。通常在具有功勋表彰推荐权的机关设立功绩审议委员会，委员会由 5 名以上、10 名以下委员组成，委员长由机关首长担任。首先，对被推荐的授勋和表彰对象在本级的功绩审议委员会进行审议，然后在授勋表彰预定日 30 日前按照规定范式将功绩情况介绍等相关材料提交给行政安全（自治）部部长。行政安全（自治）部对相关评审材料进行审查，主要看推荐的褒奖标准是否符合政府褒奖政策。其次将主要功勋表彰提交到功勋表彰审议委员会审议。勋章和奖章要召开副部长会议和国务会议审议；政府表彰要由中央功绩审议委员会审议。最后，勋章和奖章的授予要由国务总理裁决，由总统最终决定；政府表彰中的总统表彰要由国务总理裁决，由总统最终决定；其他表彰由国务总理裁决及最终决定。韩国的《赏勋法》第八条规定：对于被判定为功绩虚假；犯下危害国家安全罪，叛逃到敌国；被判处死刑、无期、三年以上徒刑和监禁者剥夺授予的勋章、奖章及奖品和奖金等；外国授勋者禁止其继续佩戴勋章和奖章。

（四）韩国功勋荣誉表彰相关法律法规

《赏勋法》、《赏勋法施行令》和《政府表彰规定》这三部法律法规构成了韩国现行功勋荣誉表彰制度的基本法律法规框架，对韩国功勋荣誉表彰制度的构建、发展和实施发挥了重要的指导作用。

1.《赏勋法》

《赏勋法》于 1963 年 12 月 14 日颁布，后经过多次修改，现行《赏勋法》是 2005 年 8 月修订的。《赏勋法》主要对授勋的相关事项作出了规定。《赏勋法》由 40 条条款和附则构成。

第一条（目的）：该法对为大韩民国作出突出贡献的大韩民国国民及友邦国国民授勋相关事项作了规定。

第二条（授勋原则）：大韩民国勋章和奖章授予为大韩民国作出突出贡献的大韩民国国民及友邦国国民。

第三条（授勋标准）：参考授勋对象的功绩内容、对国家和社会的影响效果，以及地位和其他事项决定。

第四条（禁止重复授勋）：对同一功绩不重复授勋。

第五条（授勋的推荐）：中央行政机关首长（包括总统直属机关首长和国务总理直属机关首长）、国会秘书长、法院行政处处长、宪法裁判所秘书长、中央选举管理委员会秘书长拥有推荐权。不属于上述机关首长所属的推荐由行政安全（自治）部部长推荐。授勋的推荐要按照总统令的规定对授勋对象的功绩进行审议。

第六条删除（1999 年 1 月 29 日）。

第七条（授勋的决定）：授勋对象要经过国务会议审议，由总统决定。

第八条（授勋的取消）：对于被判定为功绩虚假；犯下危害国家安全罪，叛逃到敌国；被判处死刑、无期、三年以上徒刑和监禁者剥夺授予的勋章和奖章，以及奖品和奖金等；外国授勋者禁止其继续佩戴勋章和奖章。

第九条至第十七条对勋章的十二个种类和授予对象

进行了规定。

第十八条（勋章各等级名称）参照总统令。

第十九条至第二十六条对奖章的十二个种类和授予对象进行了规定。

第二十七条（勋章的制式和规格）：无穷花大勋章由颈式勋章和大绶带组成的正章，以及副章、略章和胸章组成。一等勋章授予大绶带；二等和三等勋章授予中绶带，但二等建国勋章和修交勋章授予大绶带；四等和五等勋章授予小绶带；一等、二等勋章都有正章、副章、略章、胸章，三等（建国勋章除外）、四等、五等勋章有正章、略章和胸章，但没有副章；奖章授予小绶带、正章、略章和胸章；勋章的正章、副章、略章、胸章、颈饰、绶带的形态、尺寸、颜色、材料等由总统令规定；科技勋章和奖章的制式和规格由总统令规定。

第二十八条删除（1999 年 1 月 29 日）。

第二十九条（勋章的授予）：勋章原则上由总统亲自授予，但由于特别事由总统无法亲自授予时，可以按照总统令的规定转授给获奖人。

第三十条（代理授予）：在战时或非常时期，国防部长可以代理总统授予二等以下的武功勋章。国防部长无法亲自代理授予时，可委任各军参谋总长、海军陆战队司令官、军区司令官、军长、师长授予。

第三十一条（代理授予的事后确认）：国防部长按照第三十条规定代理授予武功勋章后，应详细记录授勋对象的功绩事项，经国务会议审议，报总统确认。

第三十二条：授予勋章时可同时授予附带奖品和奖金。

第三十三条：授勋者已去世或由于其他事由不能亲

自受领勋章，可由遗属或其他代理者代理本人受领。

第三十四条（勋章的佩戴）：勋章只限于本人终身佩戴，本人去世后勋章可由家属保存，但不能佩戴。

第三十五条删除（1999年1月29日）。

第三十六条（勋章的补发）：勋章丢失或损坏时，可按照总统令的规定申请有偿补发，具体事项由总统令规定。

第三十七条（展览用勋章的规定）：博物馆、图书馆以及教育机构用来展览和教育用勋章由政府另行制作发放。

第三十八条删除（1999年1月29日）。

第三十九条（处罚）：没有获得勋章者（包括遗属）如果佩戴勋章，处以六个月以下拘役和500万韩元以下罚款的处罚。

第四十条（处罚）：没有经过政府特许，制作并贩卖勋章者处以一年以下拘役和1000万韩元以下罚款的处罚。

第四十一条删除（2001年1月8日）。

附则。

2.《赏勋法施行令》

《赏勋法施行令》于1967年颁布，作为《赏勋法》具体施行的补充法令，进一步对韩国的勋章和奖章制度作了详细的规定。《赏勋法施行令》的目的就是对《赏勋法》在施行过程中所涉及的事项进行规定。该法由32条条款和附则构成。

3.《政府表彰规定》

《政府表彰规定》于 1962 年 8 月制定颁发，1964 年 3 月第一次修订，对表彰对象、评选办法、中央功绩审议委员会的构成等进行了具体规定。此后，《政府表彰规定》又经历了数次修订，现行《政府表彰规定》是 1996 年 5 月修订的。《政府表彰规定》主要对政府表彰的相关事项作了具体规定。该法由 20 条条款和附则构成。

（五）韩国功勋荣誉表彰管理机构的设置和运行

韩国在政府部门没有专门设立功勋荣誉表彰管理机构，但直属于国务总理室（相当于中国国务院办公厅）的行政机构——国家报勋处行使着类似的功能。韩国国家报勋处成立于 1961 年，其主要职责是制定和落实立功受奖人员及退伍军人的待遇褒奖政策，弘扬国民的爱国主义精神。主要业务和活动包括：向立功受奖人员发放褒奖金；在医疗、教育、就业等方面落实相关待遇和政策；落实退伍军人的相关待遇，提供各种支援；宣传和褒扬为国家作出牺牲或重大贡献人员的事迹，弘扬国民的爱国主义精神等。国家报勋处设有 4 个工作事务局，分别是褒奖政策局、功勋宣传局、福祉促进局、退伍军人事务局。每个事务局下设有 4 个科室，如褒奖政策局下设的 4 个科室分别是褒奖政策科、登记管理科、功勋审查科和团体合作科；功勋宣传局下设的 4 个科室分别是爱国政策科、纪念事业科、国立公墓科和爱国教育科。除 4 个工作事务局外，国家报勋处还有 5 个地方报勋厅、21 个报勋分局、国立公墓管理所、报勋审查委员会等直属单位。

（六）韩国功勋荣誉纪念场所的运行
管理及宣传举措

韩国国立显忠院是韩国最有代表性的功勋荣誉纪念场所，位于韩国首尔市铜雀区铜雀洞冠岳山山麓主峰，占地面积144 万平方米。1955 年建成之初，曾是韩国国军的墓地，1965 年升级为国立墓地，2005 年 7 月改称为国立显忠院。显忠院里安放着为了韩国的民族解放、国家安全和发展、民族繁荣而牺牲的爱国志士、国家功臣、军警等 17.6 余名殉国烈士的英魂。院内主要设施有显忠门、显忠塔、忠诚喷泉、护国钟、显忠地、显忠馆（影像馆）、图片展示馆、遗物展示馆等。自 1956 年起，韩国将每年 6 月 6 日定为"显忠日"，并举行隆重的纪念活动。"显忠日"当天上午 10 点，随着警笛声，全国民众默哀一分钟，以此悼念为国捐躯的爱国志士和先烈。从 1982 年起，韩国将"显忠日"定为公休日。韩国国立显忠院开设有中英文网站（http：//www. snmb. mil. kr），每年都举办各种形式的纪念宣传活动。

（七）特点与启示

韩国的功勋荣誉表彰制度及运行管理经过 70 年的实践、修订、完善和发展，已经具备了一套比较完整的体系，并积累了比较丰富的实践经验。

相关政策建议：

第一，建议制定专门的功勋荣誉表彰法律法规，对功勋荣誉表彰制度和具体实施作出统一、详细的规定，使国家的功勋荣誉表彰制度的实施有章可循，有法可依，更加规范和统一。

第二，建议固定功勋表彰的推荐、评选及授奖周期，并与国家的重大节庆日或重大活动（国庆日、建军节、纪念活动等）相结合进行，以此增强褒奖的权威性和庄重性，以及获奖者的荣誉感。

第三，建议设立专门的功勋荣誉纪念场所，一方面纪念和褒扬爱国志士和为国家民族发展作出重大贡献人员的功绩和精神，另一方面激励全国各族人民继续弘扬爱国主义精神，为国家社会民族发展作更大的贡献。

第四，综合运用线上线下、传统和新媒体等多种媒体形式做好宣传工作。建议以电视新闻方式现场直播颁授仪式过程；仪式结束后的宣传重点在于扩大受众群体和覆盖面，延长宣传时效，建议创办以介绍和宣传中国功勋荣誉表彰制度体系及相关内容为主的政府刊物，建议设立"功勋荣誉表彰展览馆"。

第五，完善后期管理工作。建议在功勋荣誉簿上，将获奖人功绩、所获功勋荣誉、颁授人和获奖人签名录等相关内容和事项记录下来，并做好纸质及数字电子档案的保存管理工作。

（朴光海　执笔）

十　中国港澳台地区功勋荣誉表彰制度研究

港澳台，是对中国香港特区、中国澳门特区、中国台湾地区的统称，因为此三地在政治、经济和文化体制上有诸多类似，有别于大陆（内地），故我们常常将香港、澳门、台湾地区统称为"港澳台"，作为一个类型来讨论。

（一）香港功勋荣誉表彰制度

1. 香港功勋荣誉表彰制度概况

香港授勋及嘉奖制度由香港特别行政区政府于1998年创立，目的是嘉许社会各界人士，以表扬他们为香港作出的贡献，或其出类拔萃的成就。勋衔亦设有英勇勋章及各部队奖章，对个别人士给予嘉许。授勋名单于每年7月1日香港特别行政区成立纪念日刊登在《宪报》，而授勋典礼于每年10月在礼宾府举行。

（1）勋章及奖章类型

1998年1月27日，香港特别行政区行政署公布了香港特别行政区的授勋及嘉奖制度，共有8种勋章、2种奖章、2种奖状，以鼓励对香港有贡献的社会各界人士。8种勋章分别是大紫荆勋章、金紫荆星章、银紫荆星章、铜紫荆星章、荣誉勋章、金英勇勋章、银英勇勋章、铜英勇勋章。2 种奖章是纪律部队及廉政公署卓越奖章、纪律部队及廉政公署荣誉奖章。2 种奖状是行政长官社区服务奖状、行政长官公共服务奖状。其中,大紫荆勋章是香港特别行政区政府勋衔制度中最高荣誉制度,受勋人士必须是香港永久性居民,且长期以来表现杰出。大紫荆勋章可在国庆酒会及哀念战时死难者时佩戴。具体的勋章及奖状类如下。

成就勋章:大紫荆勋章(GBM),是香港特别行政区授勋及嘉奖制度下的最高荣誉,表扬毕生为香港作出重大贡献的人士。获颁者可于中文名字及称谓后加上"大紫荆勋贤"或"GBM"。紫荆星章,包括 3 种:金紫荆星章、银紫荆星章和铜紫荆星章。与银紫荆星章比较,获授铜紫荆星章的人士所提供的服务比较局限于个别范畴或方式。一般而言,同时获颁过 3 种星章中的 2 种或以上者,只会在名字后加上当中最高等级星章的缩写。英勇勋章,包括金英勇勋章、银英勇勋章和铜英勇勋章。荣誉勋章(MH),是颁授予在地区或某个范畴长期为社区服务的人士,亦颁授予表现优异的非首长级公务员。

纪律部队/廉政公署奖章。该类奖章分为:卓越奖章(Distinguished Service Medals),颁授予六个主要纪律部队和廉政公署首长级人员,表扬他们致力服务社会及表现卓越。该奖章分类为香港警察卓越奖章(PDSM)、香港消防事务卓越奖章(FSDSM)、香港入境事务卓越奖章(IDSM)、香港海关卓越奖章(CDSM)、香港惩教事务卓越奖章(CSDSM)、政府飞行服务队卓越奖章(GDSM)和香港廉政公署卓越奖章(IDS)。荣誉奖章(Medal for Meritorious Service),是颁授予六个主要纪律部队和廉政公署的各级纪律部队人员，表扬他们善于随机应变、忠于职守，作出宝贵贡献。奖章类别为香港警察荣誉奖章（PMSM）、香港消防事务荣誉奖章（FSMS）、香港入境事务荣誉奖章（IMSM）、香港海关荣誉奖章（CMSM）、香港惩教事务荣誉奖章（CSMSM）、政府飞行服务队荣誉奖章（GMSM）和香港廉政公署荣誉奖章（IMS）。此外，还包括长期服务奖章及加叙勋扣。

行政长官奖状，包括行政长官社区服务奖状和行政长官公共服务奖状，颁授予表现卓越但稍稍未及颁授予荣誉勋章要求的人士，前者主要面对社会人士，后者主要面对公职人员（见图 34）。

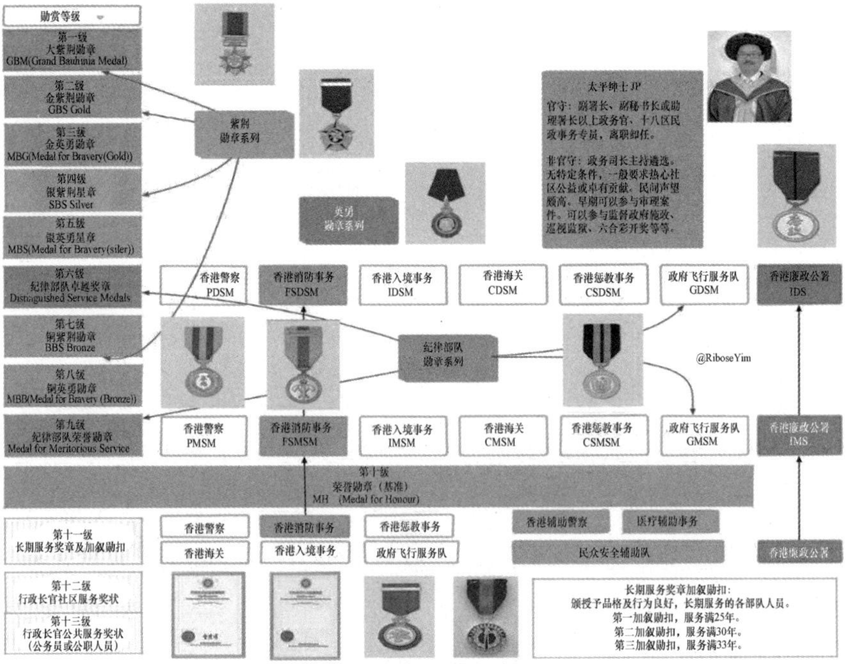

图 34　香港特区勋章和嘉奖制度体系

资料来源：http：//www.jianshu.com/p/8afa2915aba2。

（2）实际颁授情况

从实际颁授的情况来看，英勇勋章系列基本上属于烈士勋章。从 1998 年到 2017 年有 28 人获颁金英勇勋章，有 22 人确认属于死后追授（另有 4 人无资料、1 名瘫痪为植物人、1 名重伤后转文职）。纪律部队和廉政公署奖章乃颁授予警务处、消防处、入境事务处、海关、惩教署和政府飞行服务队共六个纪律部队人员（上述统归保安局领导）及廉政公署人员。一般所颁授人员为非首长级人员，卓越奖章一般颁授予首长级（警司以上）纪律部队人员。长期服务的各部队人员可颁授长期服务奖章加叙勋扣。而行政长官奖状的考察期较短，且具有特殊性，级别低于荣誉勋章（见表 2）。

（3）太平绅士

太平绅士是指由政府委任民间人士担任维持社区安宁、防止非法刑罚及处理一些较简单的法律程序的职衔。成为太平绅士无须任何学历或资格认证要求。回归前，香港的太平绅士分为官守太平绅士、非官守太平绅士、新界太平绅士三种，三者只是在产生程序和条件上有差异，在职能及地位上没有分别。回归后，在原先三种头衔的基础上进行了细微的分类，改革后授勋次序分为大紫荆勋章太平绅士、金紫荆星章（GBS）太平绅士、金英勇勋章（MBG）太平绅士、银紫荆星章（SBS）太平绅士、银英勇勋章（MBS）太平绅士。

香港的太平绅士的主要职责为巡视如监狱等羁押院所，处理羁押被扣留者的投诉，避免惩教当局对扣留人士施行法院判决以外的刑罚。太平绅士同时可监理和接受市民的宣誓和声明，使该宣誓或声明具有法律效力，此范畴的工作中最为人所熟知的是于每次六合彩开彩搅珠时联同香港赛马会受助机构代表负责监理开彩结果。获委任为太平绅士的人可在

表2　自1997年起颁授的勋章及奖状数目（长期服务奖章及加敍勋扣除外）

勋章或奖状	1997年	1998年	1999年	2000年	2001年	2002年	2003年	2004年	2005年	2006年	2007年	2008年	2009年	2010年	2011年	2012年	2013年	2014年	2015年	2016年	2017年	2018年
大紫荆勋章	12	4	5	5	3	4	—	—	2	3	3	4	3	7	2	6	4	2	4	7	12	4
金紫荆星章	—	12	17	17	20	18	20	15	7	6	9	8	12	12	16	16	9	11	14	18	25	10
金英勇勋章	—	2	2	3	1	1	1	1	1	3	2	2	—	2	3	—	—	—	1	2	1	—
银紫荆星章	—	18	25	17	19	25	22	23	20	21	24	24	28	23	30	36	23	27	13	23	35	20
银英勇勋章	—	—	5	2	5	1	8	1	2	—	6	—	—	—	—	—	—	2	—	1	—	4
卓越奖章	—	9	4	10	9	11	6	11	12	11	8	9	10	10	9	8	7	10	11	11	11	12
铜紫荆星章	—	34	33	47	43	46	44	63	38	47	46	45	43	42	54	56	56	43	51	60	66	40
铜英勇勋章	—	4	3	8	3	—	4	7	—	—	10	1	1	—	—	—	—	2	2	7	9	9
荣誉奖章	—	42	47	57	49	49	54	56	55	49	47	47	41	42	43	44	45	45	45	45	45	46
荣誉勋章	—	37	57	66	60	69	74	76	65	61	60	73	59	63	71	64	73	76	74	72	63	60
行政长官社区服务奖状	—	42	53	53	43	45	64	75	47	42	47	38	111	51	80	47	51	45	66	48	45	53
行政长官公共服务奖状	—	24	17	34	17	25	25	49	24	34	21	19	136	54	24	18	69	20	17	45	19	24
总数	12	228	268	319	272	294	322	377	273	277	283	270	444	306	332	295	337	283	298	339	331	282

注：剔除缴夺后数量。

资料来源：香港特别行政区政府总部礼宾处。

其名字后加上"JP"字样，作为个人正式头衔之一部分。在香港一般人视太平绅士为一种身份象征，因此有不少社区人士皆踊跃捐款或担任公职，以期获委任为太平绅士。在过去，香港的太平绅士也如其他英联邦国家一样，需要审理案件；但现在其职能已被具有法律资历的全职裁判官所取代。

2. 香港功勋荣誉表彰管理机构的设置和运行

香港特别行政区政府总部礼宾处主要负责管理香港本地的授勋及嘉奖制度，礼宾处隶属政府总部政务司司长办公室辖下的行政署。该处共有 17 名职员，包括礼宾处处长及礼宾处副处长。但具体的组织和遴选程序由同属政务司司长办公室的"授勋及非官守太平绅士遴选委员会"负责进行。

2013 年，香港特区政府宣布整理授勋及非官守太平绅士遴选委员会，将之前的授勋评审委员会和非官守太平绅士遴选委员会合二为一。

授勋及非官守太平绅士遴选委员会（遴选委员会）负责初步甄选有关授勋及嘉奖人士的提名，以及有关委任非官守太平绅士的提名，向行政长官作出推荐。行政长官会亲自决定是否接纳推荐授勋和嘉奖的名单及委任非官守太平绅士的名单。为确保授勋及嘉奖的颁授符合一致性、恰当性和符合核准的准则，由各局局长和部门首长提交的提名书（纪律部队和廉政公署长期服务奖章的提名除外），会经由遴选委员会审议。遴选委员会由政务司司长担任主席，包括非官守成员（行政会议成员、社会杰出领袖）和官守成员（财政司司长、民政事务局局长等）。此外，政府还成立了两个小组委员会，协助遴选委员会工作，分别是非主要勋衔小组委员会（公务员）〔包括：公务员事务局局长、公务员事务局常任秘书长、保安局副秘书长、礼宾处处长（秘书）等〕和非主要勋衔小组委员会（一般市民）（包括：行政署长、民政事务总署署长、社会福利署署长、工业贸易署署长等）。香港授勋及嘉奖制度的具体运行包括以下内容。

（1）授勋及嘉奖提名

各局局长和部门首长于每年收到礼宾处处长发出的一份吁请提名通告后，便拟备授勋及嘉奖的提名，提交授勋及非官守太平绅士遴选委员会（遴选委员会）考虑。为扩大提名范围，政府鼓励各局及部门与其相关的非政府机构寻求提名。另外，公众人士直接提交礼宾处处长的提名，亦会转交有关的局或部门处理。授勋及嘉奖的名单，经由遴选委员会推荐，最后由行政长官批准。

颁授英勇勋章的提名可在年内任何时间进行，并应在有关的英勇事件发生后尽早提交给遴选委员会审议。政府可在特别行政区成立纪念日授勋名单中公布颁授英勇勋章，或在其后的适当时间另行公布。此外，长期服务奖章及加叙勋扣是颁授予品格堪称典范、行为良好，并服务了若干年，其间表现良好的纪律部队人员。纪律部队长期服务奖章和廉政公署长期服务奖章的提名是由所属的纪律部门首长提交给行政长官批核。

（2）颁授及褫夺程序

确定名单及颁授。部门首长提交提名书，遴选委员会审议推荐（纪律部队长期服务奖章除外），行政长官确定。每年的 7 月 1 日刊登在《宪报》上。

褫夺程序。为维持香港特别行政区授勋及嘉奖制度具高度完善持正水平，如获授勋/嘉奖人士的行为，会对其应否继续拥有该勋衔/奖状构成疑问，例如因被定罪而入狱一年或以上，不论是否获得缓刑，或作出有损授勋及嘉奖制度的名声的行为等，政府会考虑是否须褫夺其勋衔/奖状。礼宾处处长会启动褫夺机制，处理获悉的褫夺勋衔/奖状个案。每宗褫夺勋衔/奖状的个案须由行政长官亲自批准。政府会在《宪报》公告将获授勋或嘉奖人士的姓名从授勋名单中剔除，并收回其勋章/奖状。

（3）太平绅士的撤销委任

获任为太平绅士的人士同样有可能被撤销，行政长官可在下述情况下向太平绅士发出书面通知而撤销其作为太平绅士的委任：获刑定罪并被判处监禁、精神紊乱、离开香港连续 6 个月（行政长官批准例外）以及其他情况。

3. 法律法规

由于曾经受到英国殖民统治，香港特区的授勋及嘉奖制度在很大程度上承袭了英国的制度传统，其授勋制度也建立起了较为完善和全面的法律体系。其中最为重要的条例便是《太平绅士条例》。1997 年，立法局通过《太平绅士条例》（香港法例 510 章），从而确定了太平绅士在香港回归后的法律地位。该条例对太平绅士的提名、委任、职责和管理等方面作了较为详细和充分的规定和说明。

综上所述，香港现行的授勋和嘉奖制度，受英国传统的爵士制度、170 多年的太平绅士制度影响很深，经过特区政府成立之后的一些调整，总体上已经建立了比较统一、完备的制度体系结构，现今的授勋及嘉奖制度也比较完善，形成了层次分明、体制完备、程序合理的规章制度。但实际上，在香港授勋及嘉奖制度的运行过程中，面向社会公众公开性和公平性程度有待加强。从 1997 年以来的实际授勋情况，特别是大紫荆勋衔的颁授情况来看，早期还是能够坚持谨慎使用、兼容并蓄的原则，但是后来有私相授受、"通货膨胀"

的嫌疑。有舆论认为，勋章授勋名单明显有坐地分肥的味道，实际上已沦为"高官俱乐部"，特区政府主要官员（行政长官、政务司长、财政司长、律政司长等）无一例外都被授予大紫荆勋章，甚至很大一部分是在任的时候颁授的。遴选委员会本身由政务司长主持，主要政务官都是组成人员，从制度设计角度看就有严重缺陷，很容易给人以"既当运动员，又当裁判员"的想象，"你好，我好，大家好"的结果就必然导致遴选过程难言公允。更有诸多评论称授勋的高官并无表现甚至失职，授勋是"太公分猪肉"（粤俚语，意人人有份）。

（二）澳门特区功勋荣誉表彰制度

1. 澳门功勋荣誉表彰制度概况

由于澳门特区的功勋荣誉表彰制度建立得比较晚以及其地区内人口少、地域狭小等基本情况，澳门特区的功勋荣誉制度建设相对起步晚，发展不健全。

澳门特区的功勋荣誉勋章主要分为荣誉勋章、功绩勋章、杰出服务奖章、奖状四大类，其中荣誉勋章是用以奖励在本地或外地对澳门的形象和声誉有杰出贡献的人士或实体，又或在任何领域对澳门的发展有重大贡献的人士或实体，荣誉勋章按照级别可分为大莲花荣誉勋章、金莲花荣誉勋章、银莲花荣誉勋章；功绩勋章依据作出重要贡献的领域细分为专业功绩勋章、工商功绩勋章、旅游功绩勋章、教育功绩勋章、文化功绩勋章、仁爱功绩勋章、体育功绩勋章等；杰出服务奖章是用以对在执行公职或社会服务方面有突出表现的人士、机关或实体予以肯定，具体包括英勇奖章（授予在执行职务时，表现出牺牲和勇敢的精神，以及献身崇高事业者）、劳绩奖章（授予在执行公职时表现出素质卓越、具有敬业和奉献精神者）、社会服务奖章（授予在开展有益社会和共同福祉的工作时有积极贡献、具有无私奉献精神者）三大类奖章；奖状则可分为针对非澳门特别行政区居民的人士的荣誉奖状和针对本区居民的功绩奖状两大类。

2. 澳门功勋荣誉表彰机构的设置和运行

相比于其他地区有专门的管理和审查机构，澳门形成了特殊的提名机构：一个由最多十一名经行政长官批示委任的委员组成勋章、奖章和奖状提名委员会，委员会成员任期为四年，可连任，主席由委员会成员互选产生。

授予勋章、奖章和奖状的权限属行政长官所有。与之对应，行政长官办公室的权责包括：勋章、奖章和奖状的授予、丧失、登记等程序；文书处理以及勋章、奖章、奖状授予的档案的维护和保存；勋章、奖章和奖状的授予的登记，并分别为每一获奖者开立档案。

3. 澳门功勋荣誉表彰的具体运作

澳门特区勋章、奖章和奖状表彰流程如下。

（1）发起

行政长官授予勋章、奖章和奖状的权限，可在下列情况行使：由行政长官主动行使；由政府各司司长建议；由政府其他主要官员建议；由提名委员会建议。

（2）授予

澳门特区要求行政首长依据政府各司司长，政府其他主要官员、提名委员会建议来授予勋章、奖章、奖状等荣誉，同时需要前述建议实体向行政长官提交一份经该实体说明理由并签署的建议。

勋章、奖章和奖状是以行政命令的方式授予，如行政长官决定以公开仪式颁授勋章、奖章和奖状，须按此方式为之；仪式由行政长官主持，或由一名经行政长官明示授予主持仪式的权限的政府主要官员主持。

（3）变更

澳门相关法律规定获奖者不配接受获颁发的勋章、奖章或奖状的情况下，在保障获奖者自辩权的程序展开后，行政长官可在说明理由的前提下决定获奖者丧失使用勋章、奖章和奖状的权利。这些都须登记于有关档案内。

4. 澳门勋章、奖章、称号的管理使用做法

（1）证书形式

澳门特区授予勋章、奖章连同证书授予和奖状都需由行政长官签署，并盖上澳门特别行政区钢印。

（2）获奖者权限

军事化人员根据法律及规章的规定，在符合其状况及职位并能让公众肯定的条件下，有权穿着制服，使用职衔、勋章、奖章及徽章，接受礼仪以及享有优先权及豁免权。

（3）使用要求

保安部队必须严格遵守相关的通则内对制服、装备、标志、勋章及奖章的清洁状况、展示、接受、使用、保管及使用条件等的规定。

5. 澳门功勋荣誉表彰法律法规

澳门特区的功勋荣誉表彰法律法规建立得比较晚，2001年《澳门特别行政区第 28/2001 号行政法规》是其第一部真

正意义上的专门法律文件,《澳门特别行政区第 13/2007 号行政法规　修改第 28/2001 号行政法规》中对其进行了小幅完备与修改,而后再无其他专项立法。

在《澳门特别行政区第 9/2004 号行政法规》中对享有勋章、奖章、奖状的军事人员的相关权利作出规定,在《澳门特别行政区第 32/2004 号行政法规》中对保安人员的佩戴要求作出一定的规范,均有所涉及澳门地区的功勋荣誉。

总体而言,澳门形成了以行政长官权限为核心的独具特色的功勋荣誉管理体系,但其相关立法稍显薄弱,尤其是对勋章、奖章、奖状的被授予人的权责体系与授予后管理等具体应用的相关法律体系不健全。

(三) 台湾地区功勋荣誉表彰制度

1. 台湾地区功勋荣誉表彰制度概况

台湾地区的功勋荣誉表彰机制总体而言呈现出机制完整,专用与通用结合,区分度、辨识度高,覆盖面广的特点。

按照功勋荣誉的受表彰人工作性质分类,台湾地区的功勋荣誉大致分为军功类、文职类和台湾地区领导人赠勋三大类,其中军功类主要针对台湾有特殊或极大贡献的军人,包括"国光勋章""青天白日勋章"等,文职类主要是针对台湾当局领导人本人或者对功绩突出的文官公务员,包括"采玉大勋章""中山勋章""中正勋章"等。台湾地区领导人赠勋则主要针对对外交有重要作用或贡献的外国人、侨民等,包括"采玉大勋章""景星勋章"等。

功勋荣誉按照授予形式的规格分为大绶、领绶、襟绶三大类,其中大绶又细分为大绶、特种大绶、红色大绶、黄色大绶等多个等级;领绶分为特种领绶、领绶两大类,襟绶则分为特种襟绶、襟绶，甲种一、二等襟绶，乙种一、二等襟绶，1—9（襟绶及星）等多种形式。结合其纷繁复杂的各类勋章和荣誉章，形成了台湾地区复杂的功勋荣誉章授予等级序列。

按照功勋荣誉表彰的勋章、奖章等级可大致分为勋章、奖章、纪念勋章或纪念奖章三大类，分别针对不同的贡献主体，形成了完整的覆盖机制。如勋章主要是对台湾地区政务著有勋劳之公务员，及对社会贡献卓著的非公务员或外籍人士，或者有特殊贡献的军人等群体。而奖章则是针对著有功绩，或学术技能特有专长者等台军人员以及服务成绩优良的公务人员等群体，此外在奖章项目下根据服务或者贡献的不同又可以具体细分为功绩奖章、楷模奖章、服务奖章、专业奖章四大类；纪念勋章则主要是针对历史事件中有一定功绩的人员，如"国民革命军誓师十周年纪念勋章"则专门颁给"自民国十五年广州北伐誓师以后，迄十七年统一全国期间，在革命过程中，师长以上之将领，及中将阶以上之幕僚，著有功绩者"，而"军纪竞赛个人优胜荣誉标"则是专门针对"军事主管部门核定军纪竞赛优胜成绩足资矜式者"。

按照颁发机构主体分类，可以分为由台湾当局领导人颁发授予，由各个"主管院院长"颁发授予和由主管机关首长颁发授予等多种形式，其具体形式由颁发的功勋表彰的级别和性质决定。

2. 台湾地区功勋荣誉表彰机构的设置和运行

台湾地区相对而言目前没有专门的功勋荣誉表彰的管理机构，之前长期负责该项事物的"稽勋委员会"，因"稽勋委员会组织条例"于1997年5月7日被废止而显得名不正言不顺，但根据当前台湾地区现行的"勋章条例""勋章条例实施细则""奖章条例""奖章条例实施细则"等相关规定，都涉及"稽勋委员会"和人事机构——"铨叙部"。

因此笔者将"稽勋委员会"作为其管理机构，依据"稽勋委员会组织条例"（已废止），"稽勋委员会"委员11—15人，由行政机构下属多个部门负责人组成，专门负责关于勋绩的调查事项、稽核事项、审拟事项等。

此外，"铨叙部"同时是台湾最高铨叙以及人事主管机关，也负责包括功勋表彰等在内的公务人员任免、考绩、级俸、升迁、褒奖等事项。

3. 台湾地区功勋荣誉表彰的具体运作

（1）功勋荣誉表彰的提名、选举和颁授

申请。台湾地区的功勋荣誉表彰一般采取申请审核，勋章申请时需要公务人员依照规定填三份勋绩事实表，连同具体证明文件，陈送"主管院"审议或由主管院办理。

审核。台湾地区包括行政机构，最高立法、司法、考试、监察机关等在内都是各个"主管院"，其他的与勋绩事实有关主管机关，如事实属于教育文化，则归教育主管机构主管，以此类推。

调查。稽勋委员会及各"主管院"结合各初审机关审核勋绩，认为有实地调查之必要时，得派人或委托有关机关调查，并得通知呈请机关详叙事迹，补交证明文件。

授予。台湾地区的勋章授予是由台湾当局领导人发布授勋令下达至"主管院"后，由"主管院"转发初审机关，呈请机关及受勋人。但项目请勋的公务人员授勋令由"主管院"送"铨叙部"备查。

台湾地区奖章颁发流程则大致概括为，功绩奖章、楷模奖章，除情形特殊者外，由请颁机关于事实确定后三十日内详细填功绩（楷模）事实表，连同有关证明文件，由主管机关报请"主管院"核准颁发。

撤销与变更。台湾地区的勋章、奖章有关规定，都明令禁止将勋章、奖章转让他人或抵借财物，违反者将会被注销或追缴勋章、奖章，并受到相应的处分。

此外，其奖章条例中还规定，除服务奖章及其证书以外，因犯罪被褫夺公权的受奖者，应缴还奖章及证书。

4. 台湾地区勋章、奖章、称号的管理使用做法

台湾地区对勋章、奖章等荣誉章的佩戴作了详细而明确的规定，具体包括：

第一，奖章与勋章、纪念章同时佩戴时，按勋章、奖章、纪念章的顺序佩戴。

第二，文职勋章与军职勋章同时佩戴的前后关系："采玉大勋章"位于"国光勋章"之前；"中山勋章"位于"青天白日勋章"之前；"中正勋章"位于"宝鼎勋章"之前；"卿云勋章"位于"云麾勋章"之前；"景星勋章"位于"忠勇勋章"之前。

第三，对军人勋章、奖章佩戴顺序、佩戴规格、佩戴说明等都作了严格而详细的规定。如对各式制服与奖章如何匹配，佩戴时的数量、顺序等都有严格规定。

5. 台湾地区功勋荣誉表彰相关规定制度的历史沿革

当下，根据台湾地区的实际情况，行政机构职能的发展和完善，台湾当局目前形成了以"勋章条例"和"奖章条例"及其实施细则为核心，各个部门及台军分别结合自身实际情况制定了包括"'考试院'考铨奖章颁给办法""警察奖章条例"等在内的近40项专项条文，并涉及近150条条文，

形成了专项"立法"与具体使用相结合的完整体系。

但需要指出的是，台湾地区的勋章、奖章荣誉管理和相关规定存在重事前审核、轻事后监督与跟踪管理，管理主体多、缺乏统一而专业的管理机构等问题。

（郭志法　执笔）

第三部分 专题研究

专题报告一　功勋荣誉表彰法律法规研究

党的十八大以来，习近平总书记多次对党和国家功勋荣誉表彰工作作出重要指示批示，在以习近平同志为核心的党中央坚强领导下，近年来党和国家功勋荣誉表彰制度建设步伐明显加快，并取得了一系列重要成果。《中共中央关于建立健全党和国家功勋荣誉表彰制度的意见》（以下简称《中央意见》）、《中华人民共和国国家勋章和国家荣誉称号法》（以下简称《勋章法》）相继颁发实施，党和国家功勋荣誉表彰工作委员会成立并开展了积极有效的工作。《中国共产党党内功勋荣誉表彰条例》《国家功勋荣誉表彰条例》《"共和国勋章"和国家荣誉称号授予办法（试行）》《"七一勋章"授予办法（试行）》和《"友谊勋章"授予办法（试行）》等系列法规和政策相继出台，中国特色功勋荣誉表彰制度体系的"四梁八柱"基本形成。

中国改变了过去功勋荣誉表彰制度相对零散的局面，建立了相对统一、规范的功勋荣誉表彰制度体系。《中央意见》是指导新时期党和国家功勋荣誉表彰制度建设的纲领性文件，提出了功勋荣誉表彰制度建设的根本指导原则和实施方向。《勋章法》和功勋荣誉表彰相关法律法规的出台，使党和国家荣誉制度的实行有法可依、有例可循，中国功勋荣誉表彰制度的法制化、规范化、系统化水平达到了一个新高度。当然，功勋荣誉表彰法律法规建设是一项长期的任务，需要不断完善和深入。

国际上许多国家已设立了科学化、制度化、法制化的功勋荣誉制度。许多国家在宪法中对功勋荣誉表彰的授予者的权力以及获奖者的权利等事项作了规定；有些国家设立基础性和专门的法律法规对功勋荣誉表彰的实施进行指导；许多国家设立和授予重要的勋章和奖章时，国家元首会颁布相应的法令，对奖项的性质、授予对象、授予条件、授予方式等作详细的规定。借鉴世界主要国家在功勋荣誉表彰法律法规建设方面的有益做法，特提出以下政策建议。

政策建议

（一）细化落实现有制度，推动各级各部门制定出台与国家功勋荣誉表彰制度有效衔接的制度规定

从国际上看，在俄罗斯、德国、法国、意大利、韩国等国家，均制定了基础性的国家功勋荣誉表彰法律。如俄罗斯的《俄罗斯联邦国家奖励条例》、德国的《头衔、勋章、奖章法》、法国的《荣誉军团与军功奖章法典》、意大利的"关于设立意大利共和国荣誉颁勋会与勋章授予及使用办法"的第178号法、韩国的《赏勋法》等。这些法律对授奖主体、客体，国家奖励的推荐程序，奖励的授予和取消，所设立的荣誉类别等均作了规定，奠定了相关国家功勋荣誉表彰的法律基础。在设立的基础性荣誉制度法典后，往往颁布补充性法令或细则。如韩国的《赏勋法施行令》就是对《赏勋法》的补充法令。从实践来看，这些法律制度对于相关国家功勋荣誉的长久稳定发展和公信力都有不可或缺的重要作用。

目前，《中央意见》和《勋章法》在宏观层面对国家勋章和国家荣誉称号的性质、授予对象、授予条件、颁授形式、相关待遇、佩戴、保管保存等作了全面的规定，近两年出台的一系列条例和办法又实现了框架性的规定。下一步有必要进一步细化功勋荣誉表彰工作的管理和实施，推动实施细则和配套制度落地，以便更好地确保各项制度落到实处。

（二）进一步规范功勋荣誉表彰项目的法规制度，实现"一个功勋荣誉表彰项目，一个法规"

许多国家在设立每项重要的国家功勋荣誉表彰时会通过总统令等形式颁布相应的法规，对某些奖项或事项作出专门规定。在德国，每一种勋章或奖章都有相应的设立法令或颁授细则，如《德意志联邦共和国勋章细则》《矿山救援勋章设立法令》《银质月桂叶奖章设立法令》《残疾人运动奖章设立法令》等，对各种勋章和奖章的设立者、颁授者、颁授对象、颁授条件、造型、佩戴方式等进行了详细的规定；在俄罗斯，对应每一项国家奖励，都出台了相应的章程和说明，如《"俄罗斯联邦英雄"称号章程》《圣安德烈勋章颁发条例》《圣乔治勋章颁发条例》等；对于新设立的奖项，美国一般采取国会立法或总统签署行政令的形式颁布相应法规；在澳大利亚，每一项勋章或奖章都制定单独的规章，对奖励的条款和条件，包括奖牌设计和资格标准等作出明确说明。

建议为每个功勋荣誉表彰项目制定一项法规。对每项新设立的勋章和奖章都要先行研究工作办法和工作方案，针对一些重要的勋章和奖章制定相应的细则，详细规定表彰项目的授予对象、授予条件、勋章和奖章造型、佩戴方式等。

（三）完善功勋荣誉表彰法律的覆盖范围，将表彰奖励项目的评选依据上升为法规层面

中国目前针对国家勋章和国家荣誉称号的法律规定较为全面，但是许多表彰奖励项目，如"全国劳动模范""全国三八红旗手"等的评选尚缺乏有针对性的法律依据。建议对表彰奖励项目制定法规，对其评选条件、待遇规定等各个事项作出严格的法律规定，使得表彰项目的实施有法可依，凸显国家功勋荣誉表彰的系统性、权威性和崇高性。

（四）建立制度完善和调整机制，根据形势的需要，适时对法律法规进行修订

在美国，无论是军事荣誉还是平民荣誉，都是随着历史的发展而不断完善的，历经多届政府的多项法案或行政令的修缮和改进，如美国总统自由勋章经过三次扩充和修改；在意大利，1952 年颁布的第 458 号总统法令对 1951 年的第 178 号法律中的规定内容进行了补充，2001 年又对第 458 号总统法令的第 14 条，即各级勋章的装饰纹样特点进行了重新定义；俄罗斯根据实际需要对《俄罗斯联邦国家奖励条例》进行了多次修订。

在中国，勋奖章的评选和颁授经常面临一些新的问题或新的领域，而现有的制度体系也尚未经过充分的实践检验。建议根据党和国家功勋荣誉表彰制度建设的需要，根据国家利益和社会发展的需要，适当增设或删减专门奖项，适时修订一些功勋荣誉表彰的法律法规。进一步完善相关立法，推动功勋荣誉表彰体系法制化深入发展。

（贺慧玲　执笔）

专题报告二　勋章奖章佩戴、使用及管理研究

综观世界各国，基本都有着或约定俗成或明文规定的勋章奖章佩戴规范。随着党和国家功勋荣誉表彰制度的深入实施，完善勋章奖章佩戴、使用及管理的细节规定，已经成为当前的迫切任务之一。为此，我们对世界上几个拥有较为成熟的功勋荣誉制度的国家和地区进行了调研（分别是英国、美国、法国、德国、俄罗斯、意大利、澳大利亚、日本、韩国、中国香港特别行政区、中国澳门特别行政区以及中国台湾地区），并在此基础上提出了几点具体建议。

（一）世界主要国家及地区的做法及借鉴意义

勋章奖章的佩戴、使用与管理主要包含如下几个方面的内容：佩戴时的着装、勋章奖章的佩戴方式、佩戴场合、保存与继承、功勋簿及登记制度、荣誉称号的法律生效及失效程序的建立、荣誉称号的相关待遇、荣誉称号的退出机制及勋章奖章的撤回、荣誉称号的滥用及相应的惩处措施。

各国首先在最高国家级荣誉称号及勋章奖章的设立上均秉持了"少而精"的原则，国家对荣誉称号授予者的奖励重精神而轻物质，比如美国有按年发放的一定数额的置装与交

通补贴，法国有象征性的年度补助（每年仅几十欧元），德国、英国、意大利、日本等国则没有物质待遇。有的国家的勋章、奖章获得者可受邀参加一些国家庆典仪式，如英国、意大利。奖章与勋章获得者不仅享有权利，也需要履行相应的义务。

其次，我们研究发现，世界上大部分国家的勋章奖章的产生都是一个漫长的过程，很多项目的产生在时间上不统一、规制上不统一、勋章的组成部分也不统一，但对其佩戴保管经历了漫长的实践之后，基本上取得最大公约数，实现了相对的秩序。为了保障这种秩序，维护国家荣誉的权威性，很多国家十分重视功勋荣誉管理工作的两大基础性工作：一是法律先行、有法可依；二是成立专职机构负责荣誉称号及勋章、奖章的颁发与管理。

勋章奖章的佩戴，是直接展现功勋荣誉的重要方式。综合来看基本有三种方式。一是以英国、法国、德国等为代表的西欧国家，特点是有浓厚的王室或骑士团传统，勋章的形式设计和颁发仪式华丽繁复，大量使用王室徽章和十字纹章，有专门在王室成员、国家元首范围内颁发的金属大项链勋章，高等级勋奖章使用大绶带斜挎佩戴，获得者往往同时获得相应的勋位、爵位。日本也采用此种方式。二是以原独联体国家和古巴、朝鲜等为代表的社会主义国家，其特点是带有浓厚的苏联文化气息，勋章的形式设计和颁发仪式突出红色革命氛围，勋章一般采用襟绶带在胸前佩戴。三是以美国为代表的新大陆移民国家，其特点是建立在新大陆上的移民国家，勋章的形式设计和颁发仪式较为简洁，不设骑士团性质的勋章，勋章外形和图案设计也较为自由。勋章一般采用襟绶带在胸前佩戴或采用小的领绶带挂颈佩戴。此外，为了便于勋奖章的佩戴和出席各类活动，各国在勋奖章设计中不断进行完善，逐步出现了以缩略章、勋花、勋带、副章等为代表的勋章配套饰品和配件，并出现了方便勋章悬挂佩戴的"饰板"，以便于应对大量勋章同时佩戴的情况。特别值得一提的是，功勋荣誉历史较长的国家，对于服饰也高度重视，很多国家有专门用于佩戴勋章出席正式场合的服装。服装上预留了勋章佩戴的位置或固件。

最后，各国对荣誉称号及勋章奖章的滥用都采取了严厉的惩处措施，以法律的形式保障了功勋荣誉获得者的无上荣誉地位，也以法律的形式确定了对名不副实者的退出机制。惩处措施不仅包括行政处罚（如高额的罚金），还会视情节轻重，给予刑罚处置，对于名不副实的功勋荣誉获得者采取剥夺荣誉称号与刑罚并处的制裁。

综上所述，所有这些方面，其根本宗旨都是维护国家荣誉的权威性和增强仪式感，使获得者和普通民众都能珍视荣誉。

（二）政策建议

结合多国经验，就勋章、奖章的佩戴、使用及管理，我们提出如下具体建议。

1. 勋章、奖章的佩戴

第一，颁勋令正式生效后，授勋人才可佩戴勋章。

第二，明确规定需要佩戴勋章、奖章的正式场合（如国家重大庆典仪式），与不得佩戴勋章、奖章的场合（如日常工作），男、女相应的着装要求（原则上，休闲服装、日常服装不得佩戴；各国都有正式场合的礼服式样，中国应对此有所规定）。

第三，明确规定可佩戴的最大勋章、奖章数量，以及佩戴的顺序（如依照由高到低的级别自左向右排列），男、女佩戴勋章、奖章的不同位置。

第四，确定各个级别的功勋荣誉奖章的配饰，如绶带、勋表、颈带、蝴蝶结等。一般来说，建议只有最高级别的勋章使用绶带，男女使用的绶带的宽窄也略有不同，绶带颜色最好能选对国家有象征意义的颜色。各级勋章、奖章对应的配饰也最好有所区别，便于从配饰及佩戴位置辨别级别。

第五，确定不同等级的勋章与奖章的铸造材质，一般由高至低为金、银、铜镀银、铜，以颜色来区别等级；徽章纹样应结合中国的历史文化传统来设计，并刻有对应的箴言，细节处应隐含防伪标记。

第六，以佩戴位置来区别集体与个人、本国与外国的勋章、奖章，一般而言，应该本国的、个人的在左胸，外国的、集体的佩戴于右胸。

2. 勋章、奖章的保存与继承

首先，勋章、奖章仅在重大的仪式场合才能佩戴，平时应由受勋者妥善保存，如遇不可抗拒因素导致勋章、奖章破损或丢失，且能出示相关证据证明的，可进行一次补办，由此产生的邮费或路费由受勋人承担。再次破损或丢失的情况，不建议补办。

其次，与勋章、奖章配套的证书应有编号，如果遗失或破损，可由管理机构确认后补开并重新登记新的证书号。

最后，受勋人过世后，已颁发的勋章、奖章可由其后人继承拥有，但仅能保存，不能佩戴，且勋章与奖章失去其应有的法律效应，成为纪念品；或经继承人允许后，国家回收勋章与奖章，放置于专门的纪念场馆展出，证书仍由继承人保留。

3. 功勋簿及与之对应的登记制度

第一，设立功勋簿，并参考中国传统历史文化正式命名功勋簿。

第二，颁勋法令签署后，颁勋证书应在功勋簿上予以登记，登记内容包含受勋人姓名、性别、籍贯、证件号码、职业、授勋原因、授勋时间与证书编号。

第三，功勋簿登记完成后，应在数据库中生成对应信息，以供公众查询真伪。

第四，与受勋人相关的文件材料原件应统一整理后进入档案馆中予以保存，部分或全部副本可进入数据库，并通过官网对公众展示、宣传。

4. 功勋荣誉表彰的法律生效、失效程序

首先，颁勋法令由最高领导人签署后，在功勋簿上予以登记，正式颁布后方可生效。

其次，本国公民获颁的他国荣誉勋章、奖章一般应由国家功勋荣誉表彰主管部门或外交部门认证、功勋委听证表决后方可在国内佩戴，其佩戴的优先顺序应在国家荣誉勋章、奖章之后；此类勋章、奖章能否在国内享受一定的权利以及是否需要承担什么样的义务，应尽快出台法规明确。

最后，勋章、奖章的失效，也应走"最高领导人签署、功勋簿注销、颁布法令"的程序。

5. 功勋荣誉表彰的退出机制及勋章奖章的撤回

首先，功勋荣誉表彰机制的退出有两种情况：一是受勋

者因客观或主观条件主动退出（一般适用于获颁勋章、奖章的外国公民）并放弃荣誉称号及勋章奖章的；二是受勋人因触犯《刑法》或其他严重违法违纪行为，经颁勋委员会听证决定予以撤销其荣誉称号的。

其次，无论是哪种情况，都应由功勋荣誉专门管理机构承担主要工作并协助颁勋委员会启动荣誉称号及勋章奖章的撤回程序。

最后，上述退出情况中的第二种情况，应给予受勋者自我申诉的时间与渠道，在期限内向颁勋委员会提交自我申辩的书面材料，并参加听证会。如颁勋委员会最后裁决受勋人再无资格获颁此荣誉称号及勋章、奖章，颁勋委员会应向最高领导人提交相关撤销法案，由最高领导人签署撤销法令，登记通报后收回已颁发的勋章、奖章及证书，并由管理机构在功勋簿上予以注销，并注明其相关罪行、生效时间，更新数据库，相关材料进入档案馆封存。

6. 功勋荣誉表彰的滥用及对应的惩处措施

第一，明确规定功勋荣誉表彰滥用的范围：

一是买卖、有偿转让勋章、奖章及证书以及相关配饰的行为；

二是个人或团体以任何名义非法颁发未经国家法律认可的勋章奖章与荣誉称号的行为；

三是个人或团体非法使用或佩戴未经国家法律认可的勋章、奖章及荣誉称号的行为；

四是个人或团体未按照佩戴管理规定，在非正式场合或不恰当场合佩戴勋章、奖章的行为。

第二，荣誉称号及勋章、奖章滥用所受的惩处措施应包含行政处罚（罚款、取消相关待遇）与刑罚处罚（刑事拘留或监禁）两方面的内容，视情节轻重分别予以判罚。如本身还触犯了《刑法》的，还应叠加其应受的刑罚处罚。

（杨莉　执笔）

专题报告三　关于设立国家功勋荣誉馆（堂）的研究

　　新时代展现新面貌，党中央统筹协调党内、国家和军队众多荣誉表彰，有魄力地进行功勋荣誉制度改革，使逻辑清晰、层次分明的党和国家功勋荣誉表彰体系得以形成。此项制度设计和相关管理机制独具中国特色，彰显了新时代中国特色社会主义制度的魅力，在推动国家治理体系和治理能力现代化、培育和弘扬社会主义核心价值观、增强中国特色社会主义制度凝聚力和感召力方面的作用已经凸显。

　　功勋荣誉表彰体系的建设是一项长期性工程，要发挥其持久稳定的效用，还需加强功勋荣誉表彰体系的后续管理，完善相关配套措施。而设立功勋荣誉表彰体系的宣传展示场所是当前的迫切任务。在中国全面贯彻落实党的十九大精神、推动各项改革事业向纵深发展的新形势下，研究设立国家功勋荣誉馆（堂），使其发挥新时代功勋荣誉表彰体系的实体承载作用应被提上议事日程。

（一）中国功勋荣誉场所的现状及问题

　　中国建有形式多样的功勋荣誉场所，如中央和地方的博物馆、纪念馆、纪念碑、英烈纪念园等。部分博物馆展出功勋荣誉纪念物品。这些场所在一定程度上起到了展示、传承，追忆、缅怀和铭记先烈的作用，但在功勋荣誉场所的设置方面还有一些不足，主要存在以下问题。

一是现有场所管理分散，规模小，影响力有限。中国博物馆、纪念馆等并非采用全国统一的管理体系，归文化部门、科学部门、教育部门、军事部门等各系统、各部门管理。博物馆、纪念馆对功勋荣誉表彰的展陈非常有限，规模较小，因而影响力、震撼力和推动力有限，无法满足中国功勋荣誉表彰体系新发展的需求。二是缺乏从国家层面集中展示和宣传国家功勋荣誉的代表性场所，党和国家功勋荣誉表彰体系缺乏实体承载。党和国家功勋荣誉表彰体系的评选授予、宣传引导和后续管理工作的开展要求有实物承载。国家勋章和国家荣誉称号的征集，共和国勋章、友谊勋章、国家荣誉称号等颁授之后的典藏、陈列和研究，功勋簿的展示和宣传，以及国家荣誉体系和精神的传递，均需专门的场所来承载。三是国家功勋荣誉馆（堂）的缺乏制掣党和国家功勋荣誉表彰体系的稳定性和持久力。国家功勋荣誉表彰体系的建设并非一朝一夕之功，设立国家功勋荣誉馆（堂）是体现中国政治稳定性的长期制度安排和设计。四是国家功勋荣誉馆（堂）的缺乏不利于向国际展示中国价值观和国家形象。国家功勋荣誉制度的设立和完善，体现着中国的外交手段、国家形象和治理水平。荣誉授予权本质上是价值评判权，并最终体现为道路和制度的选择权。国家功勋荣誉馆（堂）是中国向各国充分展示中国重大战略部署、重要改革举措以及重大内政外交政策的重要场所。

（二）政策建议

国家功勋荣誉馆（堂）的设置与中国功勋荣誉表彰体系的新发展相辅相成，它的功能也必将与中国功勋荣誉表彰体系的逐步推进产生的新需求相呼应。党和国家功勋荣誉表彰的颁授、陈列展示、相关管理机构的办公以及教学传承等工作均需相应的实体机构来承载。有鉴于此，建议设立国家级综合性大型多功能功勋荣誉馆（堂）。

综观世界，许多国家虽然设有形式多样的功勋荣誉场所，但是国家级综合性的功勋荣誉场所却不多见。因而设立国家功勋荣誉馆（堂），不仅在中国来说，就世界范围而言，也将是一项创举。

立足于中国国情，并借鉴国际有益经验，特就功勋荣誉场所的设置及使用提出以下政策建议。

1. 功勋荣誉场所应冠以响亮和崇高的名称，可以称作"国家功勋馆（堂）"、"党和国家功勋荣誉馆"或"国家功勋荣誉殿堂"

从其他国家的经验看，承担功勋荣誉场所作用的有博物馆，如美国荣誉勋章博物馆；有供景仰膜拜的纪念场所，如意大利维托里安诺纪念堂、韩国国立显忠院；有传承和弘扬荣誉精神场所，如法国解放勋章博物馆。中国以"国家功勋馆（堂）"、"党和国家功勋荣誉馆"或"国家功勋荣誉殿堂"来命名功勋荣誉场所，或可较好地体现功勋荣誉场所的功能，凸显党和国家功勋荣誉表彰的崇高性和权威性。

2. 国家功勋荣誉馆（堂）的选址应既考虑中国文化传统，又兼顾现代城市发展的可能性

（1）利用已有的历史文化建筑，比如故宫或中南海；（2）在古都北京的中心标志、兼具文化底蕴和现代气质的北京中轴线两侧建造全新的功勋荣誉馆（堂）；（3）根据当前京津冀协同发展大战略的要求，在雄安新区或北京城市副中心设立新的功勋荣誉馆（堂）；（4）在国家正在规划建设的大型场馆中辟出重要部分作为功勋荣誉馆（堂）。

3. 国家功勋荣誉馆（堂）应具备多种功能

一是授勋场所。在英国，各项勋章授予定期在其规定的地点进行。中国国家功勋荣誉馆（堂）应该成为举办授勋活动的常设地点。二是保存、陈列、展示和宣传场所。可借鉴法国荣誉军团和骑士团国家博物馆的做法，保存、展示勋章、奖章、图画、兵器、艺术品、服装、文件等。此外，根据党和国家发展战略的需要，在国家功勋荣誉馆（堂）开设专题性的功勋荣誉展览和宣传活动。三是供景仰膜拜的纪念场所。为党和国家事业作出突出贡献的革命先辈、英雄烈士值得高度褒奖和永远铭记。国家功勋荣誉馆（堂）可成为缅怀革命先辈和英雄烈士的纪念场所。四是教育、传承和弘扬荣誉精神场所。在法国，解放勋章博物馆开展丰富多彩的教学活动，向青年一代传播抵抗运动精神，每年接待观众9万余人，社会影响力较强。建议在中国功勋荣誉馆（堂）开展功勋讲堂和公共教育活动，定期组织教学、参观、爱国主义教育活动，使其成为青少年受国家荣誉精神熏陶和启迪的场所，使国家荣誉精神代代相传。五是办公场所。在法国，法国荣誉军团有独立的办公场所，称为荣誉军团宫，其北翼即为法国荣誉军团和骑士团国家博物馆。中国功勋荣誉馆（堂）也可具备党和国家功勋荣誉表彰管理机构的办公条件。

4. 国家功勋荣誉馆（堂）的常规馆舍

可设授勋厅、共和国勋章及获勋者展厅、"七一勋章"及获勋者展厅、"八一勋章"及获勋者展厅、"友谊勋章"及获勋者展厅、国家荣誉称号获得者展厅、功勋簿陈列厅、革命先辈和英雄烈士纪念厅、党和国家功勋荣誉表彰工作委员会办公室办公场所、承载部分纹章学研究工作的图书馆或档案馆等文献信息中心。展厅可以展示功勋人物为主，挖掘其成长历程及引领社会风尚的精神价值；展厅可设置人物挂像、雕像、勋奖章陈列、功勋荣誉表彰获得者用过的物品、相关文化作品等，并通过声光电再现他们的生平事迹。

5. 全方位打造国家功勋荣誉馆（堂）的新时代特色

新场所应具备不同于现有场所的新特点。一是丰富展品内容。借鉴目前已知的世界唯一一家专门的勋章博物馆——法国荣誉军团和骑士团国家博物馆的馆藏经验，以及俄罗斯莫斯科克里姆林宫博物馆的馆藏经验，整合中国现有博物馆、纪念馆（如中国国家博物馆、中国人民革命军事博物馆）等场所的相关馆藏，并结合新设立的国家勋章、国家荣誉称号等荣誉，丰富功勋荣誉表彰的陈列展示内容。二是体现科技和文化创新。利用高科技的展示互动技术，纳入传统和当代文化创新元素，展示中国功勋荣誉表彰的优良传统和新体系的新特点，增强吸引力和感染力。三是场所本身应该气势恢宏，寓意深刻，内部陈设富丽高雅，成为新时代的标志性场所。应遴选知名建筑团队设计建造国家功勋荣誉馆（堂），使其既具有中国气质，又成为当代城市建设中的亮丽名片，成为反映中国科技文化的进步、展现新时代大国形象的场所。

6. 构建中外文化交流平台，宣传中国价值观和展示国家形象

国家功勋荣誉馆（堂）既可作为国家领导人开展外事活动的地点，也可为获得"友谊勋章"的外国人举办授勋仪式，充分展示"友谊勋章"获得者在中国特色社会主义建设、促进中外交流合作以及维护世界和平方面的杰出贡献，为进一步宣传中国价值观和展示国家形象发挥作用。

7. 建设虚拟的"网上功勋荣誉馆"，与实体性功勋荣誉馆（堂）的设置相得益彰

可将"网上功勋荣誉馆"设于国家功勋荣誉馆（堂）网站下，并与人民网和新华网等门户网站链接，创办相应"公众号"，实时推送和更新相关新闻动态、勋章展示、政策解读等内容，为功勋荣誉表彰的宣传和展示提供更多新媒体平台，增强国家功勋荣誉馆（堂）的宣传、展示方式和效果。

（贺慧玲　执笔）

专题报告四　功勋荣誉表彰获得者相关待遇研究

国家功勋荣誉表彰是一个政府发挥职能作用的重要形式，也是一个民族前进发展的强大精神动力。目前，虽然中国各行各业均设有相应的荣誉奖项，但与一些发达国家相比，中国已有的一些荣誉奖项更偏重于短期的、一次性的物质待遇，而不重视长期的、可持续的政治待遇和精神礼遇。"他山之石，可以攻玉"，当前，在新的历史条件下，了解并借鉴世界主要发达国家在荣誉表彰待遇方面的相关做法，对于建设有中国特色的社会主义功勋荣誉制度具有重要意义。

（一）中国功勋荣誉表彰的历史与现状

中国国家奖励的思想及实践历史悠久。早在上古时期，中国就出现了"爵制"，这被视为功勋奖励制度的雏形。所谓"爵制"，即古代君主授予宗亲、贵族或文武功臣爵位的制度。一般而言，爵位代表着崇高的等级地位和丰厚的经济利益。春秋时期，中国开始出现社会功勋制，主要是爵与禄。到了周代，官爵分为九个等级，亦称九命：上公九命为伯；王之三公八命；侯伯七命；王之卿六命；子男五命；王之大夫、公之孤四命；公、侯伯之卿三命；公、侯伯之大夫，子男之卿二命；公、侯伯之士，子男之大夫一命；子男之士不命。这九大等级各自对应不同的宫室、车旗、衣饰、礼仪及其他待遇和礼遇。在之后中国几千年的封建历史中，五等爵是主要的爵制形式，直至清朝末年。

新中国成立后，国家和民族实现了独立和逐步振兴，功勋荣誉制度也呈现出新的气象。其间出现的较有代表性的荣誉表彰是"全国劳动模范"称号。"全国劳动模范"设于1950年，是党中央、国务院为褒奖在社会主义事业中作出卓著贡献的劳动者而颁授的荣誉称号。根据规定，全国劳模可以享受以下待遇：一次性奖金10000元，工资提档升级；享受困难救助；享受疗养、休养；免试免费就学；优先申请住房；参政议政等。全国劳模退休后，其退休金比例将提高15%，上限为100%；离退休者享受每月150元的荣誉津贴。可见，全国劳模除了在奖金、工资、住房等方面享受物质报酬外，还享有一定的政治权利。

改革开放以来，中国在多个部门和领域增设了一些制度化或非制度化的荣誉奖项，包括"国家最高科学技术奖"、"两弹一星"功勋奖章等。其中，国家最高科学技术奖是中国科技界的最高荣誉，其获得者均为业界巨擘。自2000年设立至今，共有31名科技工作者获此殊荣。值得一提的是，该奖的奖金额高达800万元，在国内可谓绝无仅有。然而，除了一张获奖证书和一次性巨额奖金外，对获奖者究竟能够享受何种待遇和礼遇，似乎并没有详细的规定。"两弹一星"功勋奖章是中国于1999年国庆50周年之际为表彰当年参与研制"两弹一星"的23位突出科技专家而颁授的荣誉。该奖属于一次性授予性质，其中7位专家是去世以后被追授的。

（二）欧美主要国家颁发的功勋荣誉及其相关待遇

大体而言，欧美国家的功勋荣誉表彰更加注重精神上的激励作用，而不太重视物质奖励。受传统爵士制度的影响，英国的勋章获得者虽然基本不享受物质上的奖励，但可以在名字前冠以贵族或爵士（Sir、Dame、Lady 等）的头衔，以示殊荣。其中，一等勋章和二等勋章的获得者及男性成员的妻子和子女还可被列入英国贵族地位排名名单。此外，每逢国家重大庆典节日（如国王加冕典礼），荣誉获得者还会作为嘉宾受邀出席相关活动。届时，获得者将身着特别设计的礼服盛装出席（礼服具体式样按所获勋奖章的等级加以区分）。

法国最负盛名的荣誉军团勋章也是一项至高无上的精神鼓励，而没有优厚的物质待遇。按照规定，以军事名义获得荣誉军团勋章的成员每年仅享受数额极低的薪俸。其中，大十字级成员的薪俸为 36.59 欧元/年，高级军官为 24.39 欧元/年，指挥官为 12.20 欧元/年，军官为 9.15 欧元/年，骑士为 6.10 欧元/年；军功奖章获得者为 4.57 欧元/年。可见，荣誉军团成员所享受的薪俸在很大意义上只是一种象征性的待遇。值得一提的是，荣誉军团建有自己的女子子弟中学（包括初中和高中），荣誉军团成员及军功奖章获得者的女性后代（包括女儿、孙女、外孙女、重孙女、重外孙女等）均享有在子弟中学受教育的权利。

美国的情况也大抵如此（个别情况除外）。例如，闻名遐迩的国家科学奖和国家技术奖被誉为该国科技界的"诺贝尔奖"，但都不设奖金，而只颁发一枚奖章。此外，美国两大平民荣誉——总统自由勋章和国会金质奖章既不设奖金，也不附加其他物质待遇，而仅作为获得者的一项崇高精神荣誉存在。其中，国会金质奖章因其地位的崇高性和颁发的不定期性，是目前美国唯一不能随意携带的勋奖章，就是说，它不能被佩戴于制服或其他便服上，而只能作为奖品展示。

然而，这并不是说，美国毫不重视荣誉表彰的物质报酬或奖励。对于少数极为重要的荣誉，特别是军事荣誉，美国通过法律形式来保障获得者的相应权利和待遇。例如，按照规定，荣誉勋章获得者可以享有以下权利：（1）向美国退伍军人事务部提出申请，将自己的名字载入荣誉勋章名册。载入名册的人员经过申请，可以终身享受一定数额的特别养老金和服装补贴，并一次性享受一定数额的交通补贴。（2）依据国防部第4515.13－R号规定，勋章获得者享有特别空乘资格，即在有空余舱位的情况下，可以免费乘坐军事空运司令部的飞机。（3）勋章获得者本人及其合法子女持有专门证件，并享有购物与汇率特权。（4）勋章获得者的合法子女可以不受提名或名额限制由美国军事学院录取。（5）依据美国法典第10条第3991号规定，勋章获得者的退休金以10%的幅度增长。（6）2002年10月23日以后的勋章获得者还可以获颁一面"荣誉勋章旗"。此前的获得者只要在世，也可以获颁。（7）退休人员可以在"适宜"的便装上佩戴荣誉勋章。此外，勋章获得者还可以较为"随意地"穿着军装，但不得怀有政治、商业或极端目的。（8）勋章获得者将自动获邀参加总统就职典礼，以及其他国家级或地方级庆祝活动。（9）特制驾驶牌照。目前，美国约有40个州为勋章获得者颁发特制的驾驶牌照。（10）丧葬荣誉。勋章获得者过世后，可按荣誉军礼规格葬于阿灵顿国家公墓。美国退伍军人事务部将为其提供一块特制的刻有金色铭文的墓碑。此外，对于去世的勋章获得者，其名字可用于城市建筑、街道和市政厅的命名等。

此外，关于荣誉勋章，还有两条不成文的规定：一是所有军阶的军人（无论其军衔高低）都要向荣誉勋章获得者敬礼；二是获得者要先于未获得者受到问候和敬礼。

（三）亚洲主要国家颁发的功勋荣誉及其相关待遇

亚洲国家（如日本和韩国）的早期功勋荣誉制度受中国影响较大，多采用位阶制的做法。但到了 19 世纪末 20 世纪初，这些国家开始参照西方国家的做法，建立起各自的现代功勋荣誉制度。例如，早在 1890 年，日本即为表现优异的军人设立了"金鵄勋章"，该章下设有七个等级，获勋者根据所获勋章等级的不同，每年可以享用 150—1500 日元不等的抚恤金，直至去世，数额相当可观。随着日本在第二次世界大战中的战败，该制度也于 1947 年遭到废止。1964 年恢复的日本荣典制度规定，功勋荣誉表彰是一种荣誉性的活动，是对获奖人勤恳工作、为国家和公共事业作出突出贡献的表彰认可，不附带任何物质方面的奖励，获奖者也没有任何可以借此享受的特权。此外，《日本国宪法》第 14 条也规定，"荣誉、勋章及其他荣誉称号的授予，概不附带任何特权"。

受中国历史文化影响，韩国在三国时期对有战功者、孝子、烈女以及为国家作出贡献的功臣赐予食邑和官职，予以厚待；新罗时期，韩国设有"赏赐署"，对建国、抗倭以及为国家作出贡献的功臣论功行赏。此后，历朝历代也设有专门的授勋表彰机构，如高丽王朝时期的"考功司"、朝鲜王朝时期的"功臣都监"和"纪功局"等。及至 19 世纪末 20 世纪初朝鲜王朝末期，以表勋院的设立为标志，韩国功勋荣誉表彰开始与西方接轨，逐步形成了以《赏勋法》、《赏勋法施行令》和《政府表彰规定》这三部法律法规为主体的现代功勋荣誉制度。2017 年 4 月，韩国在历史上首次公布了《第一次科学技术功臣礼遇与资助计划（2017—2021 年）》。该五年计划的一项重要内容是为科技功臣提供相应的待遇与福利，包括：由总统亲自颁发证书、邀请科技功臣作为重大活动的嘉宾、参与政府决策、在出入境审查时提供优惠待遇、延迟科技功臣的退休年龄，以及为其提供免费便捷的健身娱乐设施、医疗、法律咨询服务等。此外，为了在全社会营造尊重科技人员的良好氛围，韩国政府鼓励制作和传播宣传科研人员的新闻、影视作品及网站，鼓励建设以科技功臣命名的公园和街道等。

（四）关于中国功勋荣誉表彰相关待遇的建议

综上，在相关功勋荣誉表彰的待遇方面，特提出建议如下。

第一，坚持精神鼓励与物质奖励并重的原则。从辩证唯物主义的观点看，精神鼓励和物质激励是辩证统一的，都是一种激励手段，两者相辅相成，缺一不可。一方面，物质利益构成个体积极性的基本动力所在；另一方面，个体在精神上获取的满足感是其积极性的更高层次的动力源泉，也是更加强大、持久的推动力量。概因为如此，中国古代习惯于将精神鼓励与物质奖励结合起来，正所谓"先诱之以利，方能道之以德，齐之以礼"，最终实现荣誉的精神引领和道德示范价值。当前，在中国生产力水平还比较落后、人民物质生活尚未得到充分满足的情况下，物质奖励应成为国家荣誉表彰不可或缺的一种激励手段。这里，需要指出的是，物质奖励既包括短期的、一次性的物质报酬，也包括长期的、可持续的生活待遇和福利。

第二，将荣誉获得者纳入功勋名册或功勋簿统一管理，以保障其享有充分的物质待遇。为了方便管理，应将国家功勋荣誉获得者纳入统一的功勋名册或功勋簿，实时更新，方便公众检索和查询。在物质待遇方面，可以借鉴美国荣誉勋章相关管理办法，给予荣誉获得者一定数额的现金补贴，如一次性奖金以及按一定幅度增长的生活补贴（如交通补贴、服装补贴、伙食补贴等），同时对与荣誉获得者切身利益有关的养老金、退休金、社会保险等长期待遇实行适度的倾斜。除现金补贴外，获得者本人还应享受一定的生活待遇，如年度医疗、体检、休假、疗养等。同时，可以借鉴美、法等西方发达国家的做法，对荣誉获得者的重要家属给予适当的生活照顾，如合法子女的入学或升学照顾、配偶及父母的医疗或交通便利等。

第三，给予国家荣誉获得者一定的政治待遇或礼遇。在这方面，可以参照中国现有的"全国劳动模范"称号的相关规定，保障国家荣誉获得者享有一定的政治权利，如优先推荐"两个代表、一个委员"、参政议政等。同时，可以借鉴英、美、韩等国的相关做法，邀请相关荣誉获得者出席或列席国家重大庆典或政治文化活动，如国庆、阅兵观礼、抗战纪念日等。此举既能赋予荣誉获得者极大的自豪感和荣誉感，也有助于营造民众见贤思齐、积极进取的良好社会氛围。

第四，为达到较大社会轰动效应，颁奖典礼应具有一定的仪式感。荣誉表彰的时间、地点甚至具体流程要经过科学、严密的设计。可考虑借鉴英、美等西方发达国家的做法，邀请荣誉获得者携其重要家属（如配偶、父母、子女等）共同出席颁奖典礼，以提升家属的荣誉感及其对荣誉获得者的情感支持。同时，在保证不泄露关键获奖信息的前提下，颁奖前后及颁奖期间的媒体宣传也应密切跟进，以彰显功勋荣誉表彰对社会的巨大精神引领价值。

第五，充分发挥国家荣誉获得者的精神和道德引领作用。榜样的力量是无穷的。为了充分发挥国家荣誉获得者的精神和道德引领作用，应在相应场馆布置与获得者相关的奖品展示、生活用品陈列、事迹宣传等，供广大公众观摩、学习和参观。同时，可不定期组织荣誉获得者到学校、工厂、机关等单位进行巡回演讲、座谈和交流，在全社会激起热爱祖国、崇尚荣誉的向上氛围。应鼓励建设以国家荣誉获得者的名字命名的公园、街道和建筑等。还应鼓励荣誉获得者所在的家乡修建先贤堂、先进事迹馆等的做法，增强家乡人的自豪感，激励家乡学子积极进取。

第六，为了凸显功勋荣誉表彰的神圣性和不可侵犯性，同时也为了充分保障荣誉获得者的正当权益，应针对冒称、冒用、冒领功勋荣誉表彰以攫取不当利益的不法行为出台严厉的惩罚措施，达到以儆效尤的目的。

（王文娥　执笔）

专题报告五 中外功勋荣誉表彰颁授仪式研究

功勋荣誉表彰颁授仪式是功勋荣誉表彰制度体系中不可或缺的一项重要内容，从人的情感和心理层面而言，颁授仪式是最激动人心、最催人奋进的时刻和环节，也是整个功勋荣誉表彰制度体系中最闪耀的亮点。由于颁授仪式可以充分体现功勋荣誉的庄重性、严肃性和权威性，以及发挥广泛而积极的宣传传播作用，世界各国在制定相关实施条例和细则时都非常重视颁授仪式及典礼的组织和管理。

（一）世界主要国家的做法、经验与特点

世界主要国家在组织和举行颁授仪式及典礼方面所采取的做法、经验及特点主要有以下几个方面。

第一，国家最高荣誉的颁授仪式一般选择在重大节庆日（国庆日、建军节、阅兵式、春节等）在国家最高殿堂举行，并由国家最高领导亲自颁授。但不同性质、不同类别的功勋荣誉表彰颁授仪式一般选择特定日期和地点举行，如法国向军人授勋时一般会在阅兵式时进行。

第二，增强获奖者的荣誉感和精神激励作用。世界主要国家组织隆重的颁授仪式的共同特点之一就是体现国家高度重视，重精神鼓励、轻物质奖赏。获奖者在整个颁授仪式上

不仅会受到极高的礼遇，而且直接接受国家最高元首的授勋，这对于获奖者而言是无上的光荣和荣耀。为增强获奖者的荣誉感，英国还邀请获奖者的配偶、子女或朋友（2—3人）一同出席颁奖典礼；日本民间有关人士则会设宴为获奖者庆贺。

第三，仪式感强，注重流程和具体细节。为使颁授仪式体现庄重、神圣、崇高等特点和充满仪式感，很多国家精心设计颁授仪式的各个环节和流程，甚至将颁授仪式流程和全部细节写入相关法典和管理实施细则中。如，法国将颁授典礼和颁授者及固定的礼仪和致辞写入相关法典中；英国要求颁授典礼必须由女王或王室成员主持，整个过程要始终保持站立；日本将颁授仪式定为重大国事活动，并由宪法载明，天皇亲自出席并授勋。

第四，广泛宣传，扩大影响力。借助颁授仪式的隆重、庄严、高规格、权威性等特点，利用电视、广播、报纸、新媒体等媒体手段进行积极宣传和广泛传播，扩大影响力，吸引全体国民关注。澳大利亚为持续重点宣传其功勋荣誉表彰制度专门创办了题名为《荣誉》的政府刊物；日本、韩国为进一步扩大和提升宣传效果和社会影响力，颁授仪式结束后组织获奖者去全国各行各业进行巡回演讲。

第五，激发民众的自豪感和自信心，增强社会凝聚力和向心力。世界主要国家精心组织颁授仪式的主要目的之一就是通过颁授仪式调动全体国民的积极性、主动性和创造性，引导和激励全社会积极向上的精神，增强社会凝聚力和向心力。所以，在颁授仪式上一般都要奏国歌、宣读获奖者功绩、最高元首讲话，并安排获奖者代表及与会代表发言。

第六，体现公开公正公平原则，提高透明度，增强公信力。为保障功勋荣誉表彰程序的公平性与公开性，提高透明度，在颁授仪式举行前，国家相关机构通常通过媒体对国家功勋荣誉奖项、奖章、授予条件、评选程序、获奖者情况等进行公示。如，澳大利亚在颁授仪式举行前，会通过网络媒体向全民公示即将颁授的奖项奖章及获奖者信息，为颁授仪式提前做宣传和"预热"；俄罗斯则通过电视新闻直播颁授仪式过程，以体现荣誉表彰程序的公开和透明。

第七，塑造良好国家形象，提升国际影响力。功勋荣誉表彰颁授仪式可以说是一个国家社会道德价值观和文化软实力的集中展示，如能得到其他国家的认可，对于塑造本国良好国家形象，提升国际影响力将起到促进作用。在这一方面很多国家都为外国首脑或政要预留了一定的名额，并在领导人互访等外交活动中举行颁授仪式，以此扩大国际影响力。像英国的嘉德勋章、俄罗斯的"圣安德烈"勋章在世界范围内都被认为是无上光荣，其权威性受到全世界的广泛认可。

（二）政策建议

目前，经中共中央批准，中国已建立党、国家、军队功勋簿，确立了以"五章一簿"为主干的统一、规范、权威的功勋荣誉表彰制度体系。今后如何按照相关条例和要求具体推动和实施相关工作，并在国内和国际上产生积极影响是关键。在颁授仪式的组织和管理实施方面，在借鉴世界主要国家的有益做法和经验的基础上，应结合中国传统荣典制度的文化传承、特点及现实需要，制定和安排能够充分展现新时代"新风貌"新特点的颁授仪式流程和细节。为此建议：

第一，借助颁授仪式充分显示中国特色文化元素，彰显大国风范。国家最高荣誉的颁授仪式是集中展示一个国家社会道德价值观和文化软实力的绝好机会，对内可激发民众的自豪感和自信心，对外可提升国际影响力。目前，中国组织的各类颁授仪式，在显示中国特色文化元素及彰显大国风范方面还做得不够，应加强这一方面的整体设计和把控。

第二，对出席颁授仪式人员的礼服作出统一规划和设计，提出统一着装要求。目前，中国尚无体现颁授仪式庄重、神圣、崇高、权威性等氛围和特点的专门礼服。为使颁授仪式更具权威性、庄重感和充满仪式感，应考虑设计既能够充分体现中国文化元素，又符合颁授仪式特点的专门礼服，包括国家最高领导人的礼服和出席颁授仪式人员的礼服等。

第三，根据功勋荣誉表彰不同种类、层级和规制，设计类别规制不同、梯次鲜明的颁授仪式程序。功勋荣誉表彰颁授仪式也应根据不同种类、层级和规制，体现出不同的层次级别。好处有三：一是可以体现中国功勋荣誉表彰制度的系统性、规范性和统一性；二是可以鲜明地体现不同类别、层级和规制的差别及影响力；三是可以避免民众混淆和误解。

第四，制定《功勋荣誉表彰颁授仪式组织实施办法》，详细规定颁授仪式的流程、环节和具体细节。该《办法》应包括下列内容：颁授仪式组织机构；颁授仪式举办时间、地点和颁授人；颁授礼仪规定；颁授仪式流程、勋章奖章颁授方式及佩戴标准、仪式宣传、后期管理等内容。

第五，综合运用线上线下、传统媒体和新媒体等多种媒体形式做好宣传工作。宣传工作可分为仪式举行前、举行中和举行后三个阶段来进行。仪式举行前的宣传重点在于公开透明和营造舆论氛围，建议仪式举行前公布获奖者名单和功绩，为颁授仪式做好铺垫和预热；仪式进行中宣传重点在于吸引关注、凝聚共识、扩大影响力，建议以电视新闻方式现场直播颁授仪式过程；仪式结束后的宣传重点在于扩大受众群体和覆盖面，延长宣传时效，建议创办以介绍和宣传中国功勋荣誉表彰制度体系及相关内容为主的政府刊物，建议设立"功勋荣誉表彰展览馆"。

（朴光海　执笔）

参考文献

黄宇菲：《我国国家勋章和国家荣誉称号制度的创制性实践》，《中国人大》2019 年 9 月 20 日。

沈开举：《维护国家荣誉制度的权威和公信力》，《人民论坛》2012 年 12 月下，总第 388 期。

余瀛波、徐建红：《美国：从战争中走来的荣誉制度》，《法制日报》2008 年 1 月 18 日。

左高山：《论国家功勋奖励制度的内涵与结构》，《科技进步与对策》2007 年第 7 期。

Anne de Chefdebien et Bertrand Galimard Flavigny，*La Légion d'honneur*，*Un ordre au service de la Nation*，Gallimard，2002.

Art. 1，Legge 3 marzo 1951，n. 178，Istituzione dell'Ordine Al Merito della Repubblica Italiana e disciplina del conferimento e dell'uso delle onorificenze.

Bundespräsidialamt，Der Verdienstorden der Bundesrepublik Deutschland，http：//www. bundespraesident. de/Anlage/original_ 620559/Broschuere-Verdienstorden-der-Bundesrepublik-Deutschland. pdf，2001.

Deutsches Sportabzeichen，http：//de. wikipedia. org/wiki/Deutsches_ Sportabzeichen.

Geeb，Hans Karl&Kirchner，*Heinz*，*Deutsche Orden und Ehre-*

nzeichen, Carl Heymanns Verlag, 1985.

Margaret A. Firth, *Handbook of Scientific and Technical Awards in the United States and Canada* 1900 – 1952, New York: Special Libraries Association, 1956.

http: / /www. ordinidinasticicasasavoia. it/? cat = 1.

http: / /www. quirinale. it/elementi/Onorificenze. aspx? pag = 0&qId Onorificenza = 11.

http: //presidenza. governo. it/AmministrazioneTrasparente/Organizzazione/AicolazioneUffici/Dipartimenti/ufficio_ cerimoniale. html.

http: //presidenza. governo. it/ufficio_ cerimoniale/ufficio. html.

http: //ru. wikipedia. org.

http: //www. droit. org/codes/LEGHON0. html # sectionLEGISCTA00000 6093075.

http: //www. languedoc-roussillon. pref. gouv. fr/demarches/medailles_ decorations. shtm#medailles.

http: //www. quid. fr/2007/Ordres_ Et_ Decorations/.

http: //www. rossimvolika. ru/gos-nagrady/.

https: //www. kreml. ru/about-museums/museum-collection/ordena-i-medali.

https: //www. legiondhonneur. fr/fr.

Liste der deutschen Orden und Ehrenzeichen, http: //de. wikipedia. org/wiki/Liste_ der_ deutschen_ Orden, _ Ehrenzeichen_ und_ Abzeichen#Vom_ Bundespr. C3. A4sidenten_ verliehene_ Ehrenzeichen.

Волковский Н. Л. Ордена и медали мира. Большая энциклопедия орденов и медалей. М. : Издательство АСТ, 2017.

Всеволодов И. В. Беседы о фалеристике. Из истории наградных систем. М. : Вече, 2009.

Государственные Награды Российской Федерации. http： //a-ward. gov. ru/.

Звание герой россии какие льготы дает. http： //yur-zakon. ru/zvanie-geroy-rossii-kakie-l-goty-daet. html.

Мурашев Г. А. Титулы, чины, награды. М. : Издательство «Полигон», 2004.

Халин К. Е. Ордена и медали России. М. : «Дом Славянской Книги», 2009.

Щеголев К. А. Современные награды России. Традиции и преемственность. М. : Вече, 2009.

임채숙, 윤종영:<세계 훈장들의 디자인 비교 연구>, 2005 년, 한국디자인학회.

민병휘:<大韓民國 勳章디자인에 關한 研究>,석사학위논문, 홍익대학교, 1985 년.

행정자치부: <한국훈장출처:쳐천사>, 2003 년,출처: http： //academic. naver. com/view. nhn.

韩国 naver 知识百科网站，http： //terms. naver. com/entry. nhn? docId＝571604&cid＝46625&categoryId＝46625。

wikipedia 网站，https： //ko. wikipedia. org/w/index. php? title. 한국<상훈법>。

后　记

　　本书是中国社会科学院"中外功勋荣誉表彰制度"研究团队近几年的研究成果总结。研究团队现主要由中国社会科学院政治学研究所和信息情报研究院研究人员组成，为多语种、跨学科研究团队。团队负责人是国际问题、政治学以及中外功勋荣誉制度研究专家。团队研究人员不仅掌握俄、英、法、德、日、韩等一门或多门专业外语知识，而且具备政治学、经济学、管理学等多学科知识背景。研究团队丰富的知识积累、较强的研究能力以及高效的团结协作为研究工作的顺利开展提供了坚实的保障。

　　该研究团队从 2008 年组建至今的十余年来，紧密跟踪党和国家相关决策需求，广泛调研，深入研究，推出了系列理论研究和对策研究成果。期间，团队负责人张树华研究员撰写的相关内参报告获得批示。张树华研究员多次受邀参加了相关决策部门召开的政策咨询会，讲授中外功勋荣誉表彰制度发展概况，为中国功勋荣誉表彰制度的构建和发展建言献策。团队成员多次接受中央媒体的采访，担任电视直播评论嘉宾，从学者角度宣传和阐释功勋荣誉表彰制度的发展状况和意义，产生了较好的社会反响。

　　2017 年，研究团队聚焦中外功勋荣誉表彰制度的实践，特别是功勋荣誉表彰管理体制机制方面的新发展、新实践和新理论，撰写了初期报告、专题报告、学术论文等多项研究成果，受到相关决策部门的重视和肯定。项目研究报告曾作为 2018 年中国社会科学院创新工程重大科研成果发布。

本书采用案例研究和专题研究相结合的研究形式，既有对前期研究成果的借鉴，更有新发展和新思考。参与本书撰稿的人员有：张树华，中国社会科学院政治学研究所所长，研究员；朴光海，中国社会科学院信息情报研究院研究员；唐磊，中国社会科学院政治学研究所研究员；郭志法，中国社会科学信息情报研究院处长；贺慧玲，中国社会科学信息情报研究院副研究员；高媛，中国社会科学院信息情报研究院副研究员；王文娥，中国社会科学院信息情报研究院副译审；祝伟伟：中国社会科学院信息情报研究院副研究员；杨莉：中国社会科学院信息情报研究院副研究员；袁静：中国社会科学院人口与劳动经济研究所博士后。

各章节分工情况如下：前言（张树华），总论（张树华、唐磊、朴光海、贺慧玲、郭志法等），案例研究一（唐磊），案例研究二（王文娥），案例研究三（祝伟伟），案例研究四（贺慧玲），案例研究五（杨莉），案例研究六（高媛），案例研究七（唐磊），案例研究八（袁静），案例研究九（朴光海），案例研究十（郭志法），专题报告一（贺慧玲），专题报告二（杨莉），专题报告三（贺慧玲），专题报告四（王文娥），专题报告五（朴光海）。

本书的截稿日期为 2020 年 3 月。在书稿的编辑出版过程中，我们见证了在抗击新冠肺炎疫情斗争中涌现出了一大批临危不惧、勇往直前、舍身忘死、无私奉献的集体和个人，在这场史无前例的抗疫斗争中发生了许多可歌可泣的感人故事。2020 年 8 月 11 日，国家主席习近平签署主席令，授予在抗击新冠肺炎疫情斗争中作出杰出贡献的人士国家勋章和国

🏅 后　记

家荣誉称号，"授予在抗击新冠肺炎疫情斗争中作出杰出贡献的人士国家最高荣誉，有利于大力宣传抗疫英雄的卓越功绩和光辉形象，强化国家尊崇与民族记忆；有利于强化爱国主义、集体主义教育，弘扬社会主义核心价值观；有利于充分展示中华儿女众志成城、不畏艰险、愈挫愈勇的民族品格，为顺利推进中国特色社会主义伟大事业，实现第一个百年奋斗目标凝聚党心军心民心"。新时代中国特色功勋荣誉表彰制度的优势进一步凸显。

本书能够顺利出版，需要感谢中国社会科学院科研局等职能局的大力支持。同样还要感谢研究团队的所有成员，他们克服了种种困难，圆满地完成了研究任务。感谢中国社会科学出版社编辑同志对书稿作了认真细致的编校工作。

当然，由于作者水平的限制，本书难免挂一漏万。不妥之处，敬请各位方家批评指正。

张树华
2020 年 8 月